GUILLAUME LEBEAU

MON CARNET D'ENQUÊTES

Serial killers

TRANSFORMEZ-VOUS EN AGENT DU FBI POUR RETROUVER LA TRACE DES TUEURS EN SÉRIE !

MARABOUT

ÉVALUATION PSYCHOLOGIQUE DU LECTEUR

Êtes-vous un serial killer ?

Ce test de Rorschach va vous permettre de découvrir si vous êtes potentiellement dangereux pour les autres. Observez rapidement chaque tache d'encre et choisissez dans la liste la description qui vous semble le mieux convenir.

Avertissement : Ce test n'a aucune valeur psychologique, il s'agit d'un amusement !

1/ Une tête d'ours
2/ Une chauve-souris
3/ Un bombardement aérien

1/ Un ourson très mignon
2/ Un enfant avec un trou dans la poitrine
3/ Un robot extraterrestre

1/ Une femme coupée en deux
2/ Une grenouille
3/ Une trace de morsure

1/ Un homard et ses deux pinces
2/ Un visage portant un chapeau
3/ Un marteau

1/ Un insecte
2/ Une toupie
3/ Des boules de billard

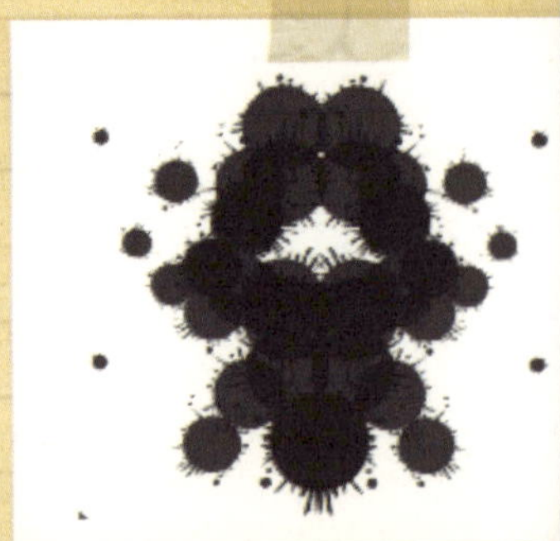

1/ Une gueule de serpent
2/ Un masque
3/ Un champignon vénéneux

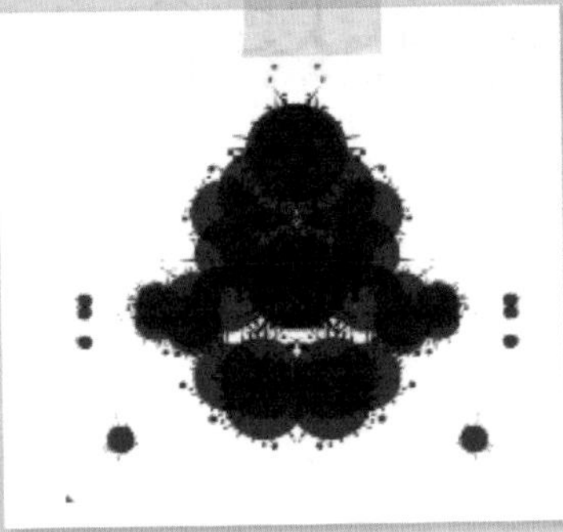

1/ Un crâne écrasé
2/ Une flaque d'eau sale
3/ Un clown menaçant

1/ Un vaisseau spatial avec des canons sur les côtés
2/ Un gros scarabée
3/ Un ours poilu

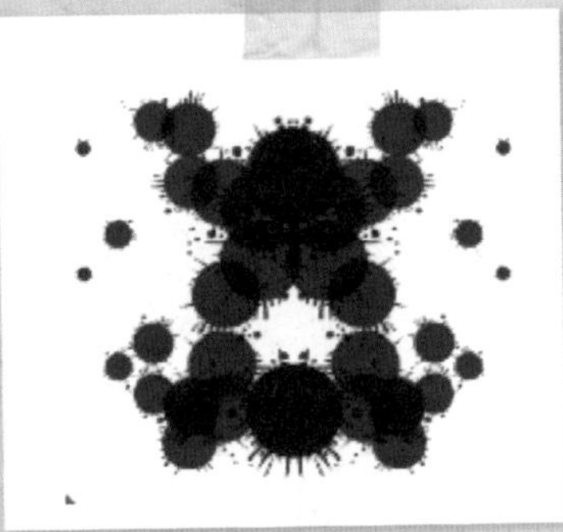

1/ Un cactus
2/ Un homme qui soulève des haltères
3/ Un bonhomme de neige

TOTALISEZ LE NOMBRE DE RÉPONSES 1, 2 ET 3

- **Si vous obtenez un maximum de 3 :** Ouf, vous ne semblez pas prédisposé au meurtre en série. On peut même dire que vous ne feriez pas de mal à une mouche. Cependant, restez vigilants.
- **Si vous obtenez un maximum de 2 :** Vous n'êtes pas un assassin, mais vous pourriez le devenir facilement. Vous êtes sur le fil du rasoir, attention de ne pas vous couper !
- **Si vous obtenez un maximum de 1 :** Appelez immédiatement la police ou un psychiatre, vous êtes incontestablement un serial killer ou en passe de le devenir. Votre entourage est en danger !

LE TEST DE RORSCHACH

Initialement baptisé « psychodiagnostic » c'est un outil clinique inventé en 1921 par le psychiatre et psychanalyste Hermann Rorschach. Ce test est destiné à cerner la personnalité des participants, en fonction de la libre interprétation des taches d'encre proposées sur les dix planches imaginées par Rorschach. D'abord une noire, puis deux bicolores (rouge et noire), quatre noires puis trois polychromes. Cette idée d'utiliser de telles taches à des fins psychologiques n'est pas nouvelle. Leonard de Vinci ou Boticelli la mentionnent déjà à la Renaissance.

Serial killers

C'est l'agent du FBI et profiler Robert Ressler qui popularise dans les années 1970 le terme anglais de serial killer, tueur en série, durant le procès de Ted Bundy, l'un des meurtriers américains les plus terrifiants du XXe siècle. Pour être qualifié de serial killer, ce type de criminel doit avoir commis au moins trois meurtres, dans un intervalle de temps donné, quelques jours, quelques mois, voire quelques années. Les Américains ont établi une classification psychiatrique pour cataloguer les serial killers. D'un côté les sociopathes, de l'autre les psychotiques.

Le sociopathe se révèle inadapté au monde et suit ses propres règles. Il est intelligent et pervers dans sa façon d'opérer. C'est une personne très organisée qu'il est difficile d'appréhender. Arrêtés, les sociopathes éprouvent rarement des remords.

Quant au psychotique, il est plus désorganisé et marginal. Il se caractérise également par une totale absence d'empathie pour ses victimes. On associe régulièrement sa personnalité asociale avec de mauvais traitements subis dans l'enfance. Ce grand manipulateur connaît souvent une réussite sociale exemplaire. Il lui est donc aisé de mentir aux autres et, in fine, aux enquêteurs, ce qui le rend très difficile à arrêter.

Afin de traquer ces dangereux criminels d'un genre si particulier, policiers et gendarmes ont recours à la technique du profilage, ou analyse criminelle et comportementale. Ils étudient avec précision le mode opératoire utilisé pour commettre les crimes et peuvent ainsi réaliser des rapprochements entre différents homicides commis dans une même région et éventuellement imputables à un même individu.

Aujourd'hui, vous allez accompagner ces enquêteurs dans leur difficile métier et tenter de « profiler » au mieux les suspects les plus variés, pour déterminer qui parmi eux sont des tueurs en série. La justice est entre vos mains !

À vous de jouer...

LA DERNIÈRE CARTE

Les prémisses

Dans la périphérie de Detroit, une violente averse trempe les bâtiments d'un motel en déshérence et dont l'enseigne aux néons morts luit sous l'éclairage public. Soudain, un véhicule à la carosserie sombre s'immobilise devant la guérite délabrée de l'ancien accueil. À travers un pare-brise noyé, et ce malgré la danse frénétique des essuie-glaces, l'agent spécial Fabio Corelli tente de distinguer la scène de crime qui occupe son esprit depuis l'annonce de sa découverte. Son regard s'obstine, s'aiguise, force finalement le rideau pluvieux. Quelques silhouettes se dessinent alors derrière le bassin craquelé d'une piscine vide. Il affiche une mine satisfaite. Son pied appuie légèrement sur l'accélérateur et la voiture glisse sur un parking boueux et cahoteux jusqu'à la dernière chambre de l'établissement, située à l'extrémité d'une aile unique étagée sur deux niveaux. Et se gare.

L'ombre courbée de Corelli s'échappe de l'habitacle et trace une parfaite ligne droite vers celles de ses collègues, pataugeant au passage dans plusieurs flaques noires. Parvenu sous un long porche abritant le rez-de-chaussée, l'agent du FBI s'ébroue à la manière d'un chien et, via une porte ouverte, pose son regard mouillé sur une jeune femme. Celle-ci photographie l'intérieur d'une pièce éclairée par de puissants projecteurs.

- Le motel Carré d'as, ce fumier ne pouvait pas trouver meilleure adresse ! s'exclame Corelli en entrant.

L'agent spécial Elena Carter approuve d'un vague hochement de tête.

- Cinquième meurtre, souffle-t-elle dans le crépitement d'un flash. Incluant son premier, en février 1991... Sans doute une prostituée d'origine mexicaine...
- Mode opératoire identique ? interroge Corelli en reniflant.

Carter relève la tête et abandonne momentanément le viseur de son appareil photo.

- Une balle dans la tête. Calibre 7,62, probablement.

- Tirée avec un putain de Tokarev TT 33, je suppose ?
- Pistolet semi-automatique simple action d'origine russe, confirme Carter en s'interrompant. Le même que celui utilisé pour les autres homicides.
- Une carte à jouer ?
- Sur le torse de la victime. Un cinq, cette fois !
- De cœur ?
- Oui, même couleur que les quatre précédentes, neuf, huit, sept, six.
- Aucune trace de viol, j'imagine ?
- Aucune.
- Des indices ?
- Pas plus que d'habitude, répond Carter, navrée. Les scientifiques n'ont pas terminé de bosser, mais ce type est méticuleux. Il ne laisse rien au hasard.
- Rien ne confirme qu'on soit en présence d'un homme ! objecte Corelli en observant les membres de l'équipe technique, vêtus de combinaisons, qui œuvrent dans la salle de bain.
- Rien ne l'infirme non plus et je te rappelle que statistiquement, la majorité des meurtres commis par arme à feu sont d'origine masculine.
- Quatre-vingts pour cent des victimes d'homicide sont des hommes, tout comme quatre-vingt-quinze pour cent des auteurs, précise Corelli qui connaît par cœur les chiffres.
- Si on en croit la liste de ses victimes, leur sexe importe peu à notre tueur. Deux hommes, trois femmes, d'origines sociales et d'âges divers...

Corelli éponge son front, ruisselant, avec le revers de sa manche de veste. Puis il détaille la chambre. Curieusement, malgré la vétusté du motel, elle semble encore en bon état. Les draps, ainsi que les taies d'oreiller, sont neufs. Le lit fait au carré. La moquette n'est tachée qu'à l'endroit où repose le cadavre de la prostituée, c'est-à-dire entre la salle de bain et le lit. Une auréole rouge rayonne autour de son crâne, dont des fragments osseux ont été arrachés par l'impact.

- Tir à bout portant, murmure-t-il avant de reprendre son observation.

Son regard ne tarde pas à tomber sur la carte à jouer, posée dans le décolleté de la victime. Corelli s'avance prudemment et s'accroupit pour mieux analyser l'unique indice reliant ces cinq crimes sur lesquels il travaille depuis plusieurs années.

- Marque Modiano, 100 % plastique, indique Carter. Réservée aux professionnels...
- Comme toutes les autres... Neuf, huit, sept, six de cœur. Aujourd'hui, le cinq...

Corelli se redresse et balaye du regard le reste de la pièce, tel un scanner. Il est frappé par l'ordre qui règne là. Chaque meuble à sa place, chaque objet symétriquement disposé, tels ces deux vases en plastique sur une table basse, ce four à micro-ondes figé au milieu exact d'une étagère ou encore ces télécommandes endormies face à un antique poste de télévision cathodique relié à un lecteur DVD.

- L'atmosphère est martiale, soupire Corelli.
- Toutes les scènes de crime de notre tueur étaient rigoureusement organisées, rétorque Carter en s'écartant pour laisser passer ses collègues de l'équipe technique.
- Vous avez fini ? interroge Corelli.
- Oui, et je crains que l'on ne soit bredouille, s'excuse leur leader, en secouant de dépit sa tête encapuchonnée.

Alors que ce dernier s'apprête à sortir, le smartphone de l'agent Carter se met à vibrer. Elle s'en empare et répond.

- Vous en êtes sûrs ? O.K., alors on arrive.
- Que se passe-t-il ? demande Corelli, intrigué.
- La police de Detroit a arrêté trois suspects à deux kilomètres d'ici. Ils les conduisent au commissariat le plus proche.
- Tu as l'adresse ?
- Ils me l'envoient ! s'exclame Carter.

LE PROFILAGE

Les murs décrépits d'un commissariat de quartier accueillent les deux enquêteurs. L'agent Carter dévisage les suspects, plantés en rang les uns à côté des autres. À ses côtés, Fabio Corelli mâchouille nerveusement un chewing-gum. Son instinct lui dit que l'un des hommes derrière la vitre épaisse et sale est le monstre qu'il traque. Pourtant, à ce stade de l'enquête, aucune preuve ne lui permet d'incriminer l'un de ces individus plutôt que l'autre.

– Leurs dossiers sont arrivés, annonce un policier en uniforme, avant de tendre un paquet de feuilles fraîchement imprimées. Ils ont tous un profil qui pourrait correspondre à celui de ce salopard que vous voulez coincer.

Corelli attrape le bloc de feuilles compact et compulse fébrilement les pages qui le composent. Son regard acéré et expérimenté balayent à toute allure les informations, ne retenant que les éléments nécessaires à une rapide analyse.

EXTRAIT DU DOSSIER MÉDICAL DE MARK RIVERA

Mount Sinai Hospital Detroit

Nom : RIVERA
Prénom : Mark

Interné quinze jours dans le service psychiatrique du docteur Frank Shaf.

Notes préliminaires : sous-officier vétéran de la seconde guerre du Golfe, démobilisé à la suite d'accusations de viol et de torture sur des populations civiles. Aucun des faits rapportés par trois prostituées irakiennes n'a été prouvé, mais l'instabilité du sujet est avérée.

Profil psychologique : légère schizophrénie, troubles du sommeil, cauchemars récurrents, syndrome de la guerre du Golfe possible.

Observations psychiatriques : le patient semble également souffrir d'une addiction au jeu, sous toutes ses formes. Il affirme que jouer aux cartes lui permet de canaliser sa violen et d'entrer en contact spirituel avec sa mère décédée dans l'incendie d'un casino.

Traitement : des somnifères ont été prescrits, ainsi que du Dogmatil.

Corelli fronce les sourcils. La fatigue le mine. Mais il ne se laisse pas déstabiliser. Il n'en a pas le droit, pas si près du but. Il bâille sans retenue, sous le regard de plus en plus impatient de sa collègue et poursuit son analyse. Il sait qu'il n'aura pas de seconde chance. Il doit coincer le meurtrier ici et maintenant. Et ne pas se tromper...

EXTRAITS DU CASIER JUDICIAIRE DE JOHN PARISHR

Nom : PARISH
Prénom : John
Âge : 43 ans
Date naissance : 11 janvier 1970 à Orlando, Floride
Dernier domicile connu : 1144 Bronson Avenue, Detroit

État-civil : marié à Magdalena William Sister, divorcé le 13 avril 2001.

Signes particuliers : cicatrice sur la joue droite, porte des lunettes de vue.

Arrêté le 24 janvier 2002 pour coups et blessures suite à une bagarre dans le casino *Mirage* à Las Vegas. Deux agents ont été légèrement commotionnés durant l'arrestation.
Arrêté le 30 septembre 2004 pour conduite en état d'ivresse accompagné de deux prostituées. Un agent a été blessé au visage durant l'arrestation.
Arrêté le 15 juillet 2006 pour avoir frappé un bookmaker à l'aide d'une canette de bière.
Arrêté le 16 septembre 2007 pour avoir détruit à coups de pied une table de jeu dans un casino clandestin.

Observations : l'individu est dangereux pour lui-même et les autres. Son comportement violent semble motivé par l'alcoolisme. S'ajoute à ces facteurs une sévère addiction au jeu qui a conduit l'individu à contracter de nombreux crédits et à s'endetter jusqu'à ne plus pouvoir rembourser. Un suivi médical a été demandé aux services sociaux.

Corelli se concentre sur le casier judiciaire de John Parish. Son cerveau s'efforce de recouper tous les éléments du dossier, afin d'arriver rapidement à une conclusion. Il ne laisse aucune de ses émotions le troubler, synthétisant les données. Sa collègue essaye de capter un indice dans son regard, mais rien ne transpire. Imperturbable, Corelli passe à son « client » suivant.

EXTRAIT DU DOSSIER MILITAIRE DE FRANCIS BLACK

Niveau de classification : **confidentiel**
Nom : BLACK
Prénom : Francis
Âge : 43 ans
Né le 11 septembre 1970 à Atlantic City

État civil : célibataire

Diplômé de l'école d'architecture de New York et de l'école militaire de West Point
Grade : lieutenant instructeur
Corps : armée de l'air
Affectation actuelle : Joint Base Andrews, Chicago.
[redacted]

Observations : arrêté plusieurs fois par la Police militaire pour organisation de tournois de poker clandestin à l'intérieur des bases où il était cantonné. Les MP l'ont surnommé « Quinte Flush », en référence à la main de poker. [redacted]

Le lieutenant Black a demandé et obtenu plusieurs fois sa mutation dans plusieurs bases du pays. [redacted]

– Alors ? interroge l'agent Carter, curieuse d'obtenir une information.
– On le tient, se contente de répondre Corelli en esquissant un léger sourire de satisfaction.

Et vous, avez-vous découvert qui est le serial killer parmi les trois suspects ?

NOTES

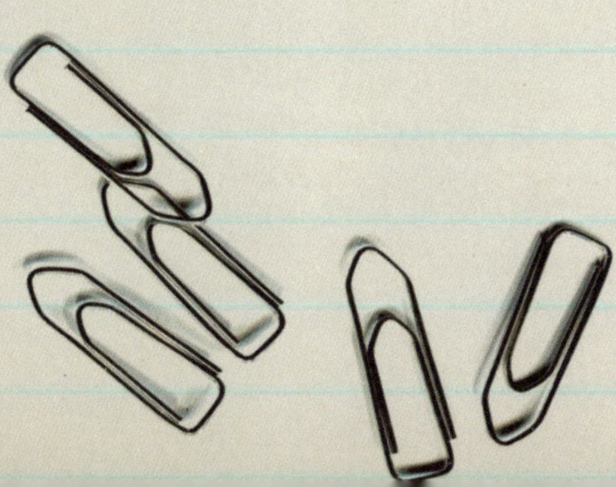

SOLUTION PAGE 86

DEVINE QUI VIENT DÎNER...

Les prémisses

Dehors, la pluie s'interrompt aussi brutalement qu'elle s'est mise à tomber. Un vent glacial prend le relais, balayant les antennes satellite plantées sur le toit d'un imposant immeuble, cognant par bourrasques contre la façade vitrée de l'Académie du FBI de Quantico. À l'intérieur, l'agent spécial Lionel Cox tourne en rond dans son bureau, comme une bête en cage.
Prête à rugir d'impatience... Plusieurs paperboards encombrent le petit espace percé de deux baies qui donnent sur la forêt environnante et ses arbres décharnés. Sur les tableaux de papier, de nombreuses photos sont accrochées. Elles représentent des victimes, de nombreux visages de victimes, des femmes et des hommes d'origine afro-américaine. Cox s'immobilise devant l'un de ces clichés et relit le post-it collé dessus.
Ana Withlock — 33 ans — Six morceaux de son cadavre retrouvés dans le congélateur d'un squatt - Manque le septième.
Les poings de l'agent se serrent. Son visage s'empourpre.
La rage l'envahit. Il la canalise, ne se laisse pas détourner de son objectif : coincer celui que la presse a récemment surnommé "Le Cannibale du New Jersey". Un effroyable tueur qui a assassiné trente-trois personnes en neuf mois. Le visage de chacune d'elles le fixe aujourd'hui, l'implorant de retrouver et condamner celui qui leur a ôté la vie d'une façon aussi abominable. Cox rejette sa tête en arrière et fait craquer ses vertèbres, puis il se dirige vers un autre tableau où une carte du New Jersey est punaisée. Une multitude de croix rouges indiquent où la police a retrouvé les corps. Les trois derniers ont été découverts autour de l'aéroport JFK à Newark : un dans un conteneur à ordures, l'autre dans les égouts et le troisième sur un terrain vague. À chaque fois six morceaux, et le septième manquant...
Cox grimace de dégoût, il sait ce qu'a fait le tueur de ces morceaux de viande prélevés sur ses proies. Les différents psychologues qui ont apporté leur expertise sur l'affaire sont formels, l'assassin est anthropophage. Il découpe ses victimes

avec une précision chirurgicale. Les blessures sont nettes, sans doute réalisées avec du matériel médical, des ciseaux ou des couteaux de chasse. “Un chasseur, voilà ce qu’est cet horrible prédateur urbain”, songe Cox en observant un autre visage de victime et en recollant dessus le petit bout de papier jaune qui s’apprête à tomber.

James Earl - 16 ans - six morceaux de son cadavre retrouvés dans une benne à ordures - manque le septième. Le visage de l’adolescent est souriant, plein de promesses d’avenir. Le tueur ne lui a laissé aucune chance de réaliser ses rêves. Le regard de Cox se pose sur la croix que porte le jeune homme en pendentif. Sa foi ne l’a pas sauvé.

Rien ne peut sauver les victimes d’un serial killer, à part le FBI...

Cox soupire et se gratte le front. Il sait que le meurtrier est intelligent. Il n’a laissé aucune trace d’ADN, aucun indice matériel. Les scènes de crimes ont toutes été passées au peigne fin par les équipes scientifiques. En vain. Selon l’un de ses collègues, le tueur enlève ses victimes après les avoir méticuleusement choisies, puis il les découpe dans un lieu approprié avant d’abandonner les morceaux dont il ne veut pas au hasard, ne conservant que ceux qui lui semblent les plus savoureux. Cox est certain que cette théorie est fondée. Le tueur ne peut découper ses victimes sur place. Il a besoin de temps pour effectuer son travail morbide et doit donc procéder dans un endroit isolé. Cox se racle la gorge et essaye une fois de plus de trouver ce qui peut bien relier toutes ces victimes. À première vue, rien. Âges différents, sexes différents, professions différentes. Elles ne se connaissaient pas. N’habitaient même pas le même quartier. Ne fréquentaient aucun lieu public en commun.

Cox inspire profondément, pour renouveler l’air vicié en lui, puis expire bruyamment. Il a passé des jours et des nuits à retourner toutes les pièces de ce dossier, explorant jusqu’au moindre détail. Oubliant sa famille, la fatigue qui le ronge. Oubliant même de se décourager. Le seul point commun entre les victimes est leur origine ethnique. Et cela est bien maigre pour en tirer quelque conclusion que ce soit.

En trente ans de carrière, jamais l'agent n'a affronté pareil ennemi. C'est ainsi qu'il qualifie les monstres qu'il pourchasse. Mais Cox est tenace et son impressionnant esprit cognitif lui a déjà permis de remporter plusieurs victoires contre ces incarnations du Mal absolu que sont les serial killers. Il se dirige vers son bureau et contrôle sa messagerie. Un courriel retient son attention. Il émane d'une psychiatre avec laquelle il a l'habitude de travailler sur les enquêtes les plus retorses. Cox apprécie le professionnalisme de cette célibataire endurcie qui s'est spécialisée dans l'étude des tueurs en série dès la sortie de l'université, à la suite d'un événement tragique : le meurtre de ses parents par l'un d'eux.

Date : 11/23/2015
De : Irina Fisher ifisher@gmail.com
Objet : Rapport concernant l'affaire de l'anthropophage du New Jersey
1 pièce jointe : 1,1 Mo
À : Lionel Cox

Fébrile, Cox clique sur l'icône de la pièce jointe. Instinctivement, il sait que dans ce rapport se trouve l'identité du tueur. Irina Fisher a sélectionné trois dossiers de patients qu'elle a suivis en thérapie. Leur profil psychologique est selon elle compatible avec les meurtres commis par le Cannibale du New Jersey. Une fenêtre s'affiche sur l'écran scintillant de son ordinateur.

LE PROFILAGE

Le visage de l'agent Cox entre dans le halo projeté par un écran. Il se frotte les yeux puis se force à les écarquiller. Sa main s'empare d'une souris et une série de cliquetis se met à résonner. Les pages numérisées des dossiers des trois clients du docteur Irina Fisher défilent devant lui. Il les abandonne un instant afin de lire le message du psychiatre qui les accompagne.
« Lionel, vous trouverez ci-joint les dossiers de trois patients que j'ai suivis en thérapie et qui ont retenu mon attention. Ils présentent tous des pathologies et/ou des profils psychologiques susceptibles de faire d'eux le tueur anthropophage que vous pourchassez. Il ne serait pas étonnant que l'un d'entre eux soit notre "client". De nombreux serial killers ont suivi une thérapie avant de passer à l'acte. Ces malades, malgré leur absence d'empathie, éprouvent parfois le besoin de se soigner. Même s'ils sont persuadés que c'est inutile. Bon courage et tenez-moi informée. »
Le regard de Cox se pose à nouveau sur l'écran.

RETRANSCRIPTION DE L'ENTRETIEN AVEC JUSTIN BLAIN

Date de l'entretien : 11 octobre 2015
Nom du patient : BLAIN
Prénom : Justin
Âge : 35 ans

Notes préliminaires : Justin Blair est venu me voir en consultation parce qu'il se prétend victime de cauchemars récurrents. Chaque nuit, il se réveille en hurlant, s'extirpant avec peine d'une période onirique violente. Justin est un homme très agité, incapable de rester immobile plus de quelques secondes. Ses mains et ses jambes tremblent sous l'effet de son intense nervosité. Plusieurs fois, il s'est emporté contre moi, m'insultant et me traitant de « négresse ». Je lui ai rappelé calmement que j'étais blanche et il s'est aussitôt calmé.

Profil psychologique : état bipolaire évident, troubles du sommeil caractérisés par des cauchemars récurrents mettant en scène des individus afro-américains, état de nervosité permanent, comportement obsessionnel et délirant.

EXTRAIT DE L'ENTRETIEN :

– De quoi avez-vous peur, monsieur Blain ?
Silence.
– Du noir.
– Pourquoi ? Les ténèbres vous effraient ?
– Je ne parle pas de l'absence de lumière !
– De quoi parlez-vous, alors ?
– Vous ne pouvez pas comprendre !
– Je suis là pour essayer...
Silence.
– Parce que quand je m'endors, ces salopards viennent me chercher... Ils veulent ma peau, vous comprenez !
– Pouvez-vous préciser qui sont ces salopards ?
– Les négros ! Ces sales négros ! Je les déteste, tous... Ils ne méritent pas de vivre !
– Pourquoi vous veulent-ils du mal ?
– Parce qu'ils veulent me voler, pardi ! Prendre tout ce que j'ai. Mais je les boufferai avant !
– Vous les mangerez ?
– Avant qu'ils ne le fassent ! Ces gens sont des cannibales. Si on ne les mange pas, ce sont eux qui nous mangeront ! Tous autant que nous sommes ! Le gouvernement est trop laxiste avec ces gens-là ! Et depuis qu'on a un des leurs à la Maison-Blanche, c'est encore pire !

Cox cligne des yeux. La fatigue est prégnante, elle l'use. Il bâille et s'étire dans son fauteuil. Et rêve d'un café brûlant. Il n'aimerait pas faire le travail d'Irina, se taper toute la folie du monde comme ça en direct, sans filtre... Il préfère son métier, dur, mais à bonne distance de la monstruosité qui hante ce monde. Son doigt clique sur le menu déroulant et fait défiler les pages jusqu'au nouveau dossier.

RETRANSCRIPTION DE L'ENTRETIEN AVEC AVEC CHARLES JACKSON

Date de l'entretien : 2 septembre 2010
Nom du patient : JACKSON
Prénom : Charles
Âge : 30 ans

Notes préliminaires : Charles Jackson m'a été envoyé par un collègue de Newark. Son cas est déroutant. Ce jeune tailleur est persuadé qu'il doit absorber l'énergie des autres pour survivre. Et que, s'il ne le fait pas, il va mourir. C'est la troisième séance que j'ai avec lui et nous ne progressons pas. Il refuse d'expliquer quoi que ce soit et de se livrer sur ses antécédents familiaux. Je suis face à un parfait mur psychologique. Et je me demande si ce mur n'a pas été construit par le patient lui-même...

Profil psychologique : Niveau d'empathie très faible, quasi inexistant, le patient est très cultivé et s'exprime à travers un champ lexical riche et un registre de langue soutenu, aucune manifestation d'agressivité à mon égard. Aucun transfert constaté.

EXTRAIT DE L'ENTRETIEN :

– Que ressentez-vous en cet instant, monsieur Jackson ?
Silence.
– Franchement ? S'il vous plaît.
– Rien. Absolument rien.
– Quelque-chose doit forcément traverser votre esprit, non ?
– Oui, vous avez raison.
– Puis-je savoir de quoi il s'agit, monsieur Jackson ?
– Vous ne voulez pas savoir.
– J'insiste, monsieur Jackson. Je suis là pour vous aider; et pour que je puisse vous aider, vous devez me parler.
– Eh bien, disons que je ressens une irrépressible envie de capter votre énergie !
– Comment capteriez-vous mon énergie ? Expliquez-moi, cela m'intrigue.
Silence.
– Eh bien, ce n'est pas compliqué ! En fait, je pense que je devrais vous manger.
– Métaphoriquement ?
Silence.
– Sans doute. Je ne sais pas. Je me sens tellement faible. Il y a tellement de force en vous... Et cette force, je la veux.

Un frisson parcourt l'échine de Cox. Il réprime un tremblement et poursuit sa lecture, tout en essayant de se maintenir concentré et tendu vers son objectif

RETRANSCRIPTION DE L'ENTRETIEN AVEC AVEC CHARLES JACKSON

Date de l'entretien : 6 juillet 2012
Nom du patient : CHECK
Prénom : William
Âge : 30 ans

Notes préliminaires : William Check est presque guéri. Aujourd'hui, je conduis sa dernière séance. Il y a dix mois, il était venu consulter parce qu'il était agité par des pulsions de meurtre sanglant. Des visions puissantes l'assaillaient sans prévenir, de jour comme de nuit. William se voyait armé d'une arme tranchante, en train de tailler la chair de ses victimes. Mais ce qui l'angoissait le plus, c'est qu'ensuite il les dévorait. William est toujours en retard car il n'a pas le permis de conduire et se trouve donc tributaire des transports en commun.

Profil psychologique : Légère schizophrénie ; le patient est très fragile, extrêmement ébranlé par ces visions, sans manifestation d'agressivité à mon égard. Aucun transfert constaté. L'état global du patient s'est considérablement amélioré au fil des séances sans qu'il soit besoin d'avoir recours à un traitement médicamenteux.

EXTRAIT DE L'ENTRETIEN :

– Vos visions ont disparu, monsieur Check ?
– Oui, presque.
– Presque ?
– Je me vois encore en train de manger de la chair humaine, c'est horrible...
Pleurs.
– En avez-vous envie ?
Silence.
– Bien sûr que non ! Je ne suis pas un cannibale ! Je ne comprends pas pourquoi je m'imagine en train de faire ce genre d'abomination !
– N'est-ce pas une manière d'évacuer des souvenirs liés à votre enfance ?
Silence.
– Vous avez raison, docteur. Depuis le début, vous avez raison... C'est grâce à vous, docteur, que je vais mieux aujourd'hui. J'ai voulu oublier ces choses que j'ai vécues et je n'aurais pas dû. Je dois affronter tout ça...
– Dîtes-vous cela pour me faire plaisir ?
– Non, docteur, je le pense vraiment. Enfin, je crois...

Cox baisse la tête et se masse longuement la nuque. Son cerveau carbure, triant, sélectionnant, recoupant les informations. Puis, il se lève et sort de son bureau. L'heure est à l'action. Il sait qui est le tueur qu'il recherche...

Et vous, avez-vous découvert qui est le serial killer parmi les trois patients ?

NOTES

SOLUTION PAGE 87

LE RIRE DU CLOWN

Les prémisses

Une voiture à la carrosserie grise et cabossée s'immobilise devant un pavillon, au milieu d'une banlieue sans âme de Los Angeles. Une jeune femme s'en extirpe rapidement et sa silhouette élancée part à l'assaut de la petite maison en bois peint, posée sur un gazon propret. L'après-midi vient de commencer. Laetitia Natan n'a pas mangé. Cela fait deux mois que la jeune profileuse du FBI n'a plus d'appétit. Toute son énergie passe dans l'affaire de ces horribles meurtres d'enfants qui défrayent la chronique depuis maintenant six mois. Comment avoir faim ou envie de dormir, quand un monstre s'attaque à des êtres innocents et sans défense ?
Laetitia n'était pas encore mère, mais elle avait en elle l'instinct protecteur de la femelle de l'espèce. Et elle était décidée à coincer ce serial killer qui avait déjà enlevé et tué trois filles et trois garçons. Deux dans la région de Las Vegas. Deux à Malibu. Et les deux derniers à Pasadena. Aujourd'hui, elle se rend chez les Miller, une famille qui vient de signaler à la police l'inquiétante disparition de leur fils, Ben. Qui n'est pas rentré de l'école la veille.
Laetitia sonne devant une porte close. Le visage blême d'une femme ne tarde pas à apparaître dans l'encadrement. Laetitia montre son badge et s'annonce. La porte s'ouvre et elle pénètre dans un intérieur coquet. La femme lui fait signe de la suivre jusque dans le salon. Et lui propose de s'asseoir dans un fauteuil au tissu imprimé de motifs fleuris. Laetitia remarque une photo encadrée sur la cheminée. Un garçon éclate de rire au milieu d'une foule de camarades déguisés et lançant des cotillons.
- C'est Ben ? interroge-t-elle.
- Oui, à son anniversaire, il y a deux jours, répond la voix tremblante de sa mère. Il vient d'avoir douze ans...
"Comme tous les autres", songe Laetitia en se remémorant l'âge des victimes.
- D'habitude le bus le dépose à 18 heures à l'angle de la rue.

- Et Ben n'était pas dedans, hier ?
- Non, ses amis et le chauffeur sont formels, il n'était pas à bord. Ils ont cru qu'il était rentré avec son père.
Ça lui arrive parfois...
- Il est sorti de l'école à quelle heure ?
- À 16 h 30, m'a confirmé le directeur de l'école qui l'a vu sortir. Le bus ramasse les élèves à 17 h 15.
- Reste donc 45 minutes, murmure Laetitia en pensant que c'était plus qu'il ne fallait pour que le jeune garçon se fasse enlever ou agresser. Il n'a pas de téléphone portable ?
- Nous sommes contre, mais finalement on aurait dû lui en acheter un, sanglote sa mère. Tout ça est de ma faute.
- Ne vous accablez pas, la console Laetitia d'une voix rassurante. Vous n'y êtes pour rien.
- Alors qui ? Qui a enlevé mon fils ? C'est cet ignoble assassin dont parle la télévision ? C'est ça ?

Laetitia ne répond pas. Mais qui ne dit mot consent et la mère ne tarde pas à comprendre. Elle éclate en sanglots.
- Madame Miller, il faut vous concentrer. Vous devez m'aider.
- Que voulez-vous savoir ?
- Je ne sais pas. Le moindre indice peut m'aider à retrouver votre fils s'il...

Laetitia s'interrompt, se rendant compte de son erreur.
Mais il est trop tard.
- Oh mon dieu, se peut-il qu'il soit mort ! s'écrie la mère avant de fondre à nouveau en larmes.
- Je ferai tout pour le retrouver, madame. Mais donnez-moi le maximum d'informations...

La mère de Ben se ressaisit. Elle écarte du pied des boules de cotillons multicolores qui traînent sur la moquette. Laetitia n'en a jamais vu de semblables. L'encre qui les imprime semble fluorescente. Elle suit la course de l'une d'elles qui roule sous un fauteuil et se met à briller.
- Nous avons fêté son anniversaire dimanche après-midi, reprend la mère de Ben. Son père avait organisé une après-midi thématique sur le cirque. Il s'est occupé de tout. Ben a reçu beaucoup de cadeaux, il était heureux. Lundi, il est parti

à l'école en chantonnant comme chaque matin. Je lui avais préparé des sandwiches au cheddar... Il adore ça...

- Autre chose ?
- Euh, oui, le directeur m'a dit qu'il avait eu des bonnes notes ce jour-là. Et qu'il avait aidé un professeur à ranger la salle de sport. Ben est un excellent élève, poli, toujours prêt à s'investir. Pourquoi cela lui est-il arrivé ?

Laetitia prend un air désolé.

- Je n'ai pas de réponse à cette question, madame.

La mère de Ben hoche la tête, en signe de compréhension. Elle est sensible à la compassion de son interlocutrice.

- Votre mari est absent ? poursuit l'agent du FBI.
- Mon mari est chauffeur routier. En ce moment, il doit se trouver dans la région de Las Vegas. Ça fait plusieurs mois qu'il bosse là-bas.
- Ça ne me regarde pas, mais votre époux ne projette pas de rentrer pour vous aider ?

La mère de Ben soupire.

- Il ne peut pas s'arrêter de travailler, car je suis au chômage. C'est vrai qu'il est souvent absent, Ben n'aimait pas ça... Mais c'est un bon père...
- Le comportement de votre fils a-t-il changé ces dernières semaines ?
- Non, je n'ai rien remarqué. Son humeur était toujours égale. Je crois qu'il avait une nouvelle petite copine et ça le rendait heureux.

Laetitia regarde une fois encore autour d'elle, cherchant dans ce salon l'indice qui éclairerait cette disparition. Elle connaît les statistiques afférentes à ce genre d'affaire. Dans 48 heures, les chances de retrouver le jeune garçon vivant seront quasi nulles.

LE PROFILAGE

Laetitia Natan est rentrée chez elle. Et elle a filé directement dans le bureau qu'elle a aménagé dans son garage. C'est dans ce petit univers sans fenêtre qu'elle travaille sur les affaires qui lui sont confiées. Sur une planche de bois brut soutenue par deux tréteaux, elle observe trois dossiers d'épaisseur inégale, tous sanglés. Il ne lui reste que très peu de temps pour déterminer l'identité du kidnappeur du petit Ben. Elle sait que si elle le découvre, elle trouvera également le serial killer qui a déjà sévi six fois. D'une main, Laetitia ouvre son ordinateur portable, de l'autre, elle rapproche un des dossiers vers elle.

DOSSIER N° 677880-A

Date d'ouverture : 25 janvier 2015

NOM : MILLER
Prénom : Frederick
Âge : 38 ans
Marié à Sofia Christians
Un enfant, Benjamin Nathaniel Miller, né le 23 janvier 2003.

Profession : chauffeur routier pour le compte de l'entreprise Miles Away.
Casier judiciaire vierge

<u>Observations de l'agent Laetitia Natan</u>
Frederick Miller travaille régulièrement dans la région de Las Vegas (il s'y trouve depuis lundi midi). Zone où deux enfants ont été enlevés et assassinés. Il a également effectué des livraisons à Pasadena. Malgré la disparition de son fils, il n'a pas pris de jours de congé pour épauler sa femme, manifestant ainsi un comportement qui a éveillé toute mon attention. En sa faveur, il a organisé la fête pour son fils deux jours avant l'enlèvement. Et il a réglé l'intégralité des factures, notamment de deux comédiens qui se sont travestis en clowns durant l'anniversaire de Ben pour en assurer l'animation. Mes soupçons sont cependant freinés par l'absence de preuves concernant la présence de Frederick Miller à Malibu durant la période où les deux crimes y ont été commis. Les registres de transport de sa société ainsi que les relevés de la boîte noire de son camion sont éloquents à cet égard.

Laetitia mémorise son rapport, referme le dossier et le repousse vers un coin de la table de travail puis s'empare d'un nouveau dossier qu'elle ouvre rapidement.

DOSSIER N° 788990-B

Date d'ouverture : 25 janvier 2015

NOM : AGRESTIC
Prénom : William
Âge : 42 ans
Célibataire
Profession : Acteur

Observations de l'agent Laetitia Natan

William Agrestic est un acteur de seconde zone. Il travaille occasionnellement dans la publicité et il est notamment la mascotte de la chaîne nationale de magasins de déguisement et cotillons Laugh and Co. Agrestic loue également ses services de clown aux particuliers, notamment pour animer des anniversaires. Engagé par le père de Ben Miller, il était présent le dimanche après-midi durant la fête offerte pour les douze ans du jeune garçon. En 1999, Agrestic a été condamné deux fois pour exhibitionnisme. Une fois à la sortie d'une école primaire. Une autre fois dans un parc public. J'ai tenté de reconstituer le planning de ses six derniers mois. Il a participé à plusieurs anniversaires à Malibu et à Pasadena durant les périodes où les crimes ont été commis. Notamment au domicile des enfants qui ont disparu dans ces zones. Mais je n'ai pas retrouvé de traces d'une éventuelle prestation à Las Vegas. Plusieurs photos d'enfants prises lors des fêtes qu'il a animées ont été retrouvées dans son appartement.

Laetitia soupire. Les dossiers laissent apparaître des indices troublants concernant l'éventuelle culpabilité de ces deux hommes. Mais elle ne parvient pas à déterminer lequel est le criminel qu'elle recherche. Elle agrippe la sangle de la dernière chemise et l'ouvre devant elle.

Date d'ouverture : 25 janvier 2015

NOM : BENT
Prénom : August
Âge : 50 ans
Marié à Elisabeth Warren
Sept enfants

Profession : chef d'entreprise, il est le PDG de la société All paint Inc.
Casier judiciaire : une condamnation pour excès de vitesse en juillet 2002.

Observations de l'agent Laetitia Natan
August Bent dirige une importante entreprise de peinture en bâtiment à Pasadena. Il a décroché de nombreux marchés publics avec la mairie de Los Angeles et le gouvernement de Californie. Il est le père d'une famille nombreuse, composée de sept enfants. Il exerce sa passion d'acteur amateur dans une petite troupe théâtrale qui parfois donne des fêtes de charité ou des spectacles dans des hôpitaux. Bent a endossé son costume de clown qu'il a fabriqué lui-même à Malibu et Las Vegas dans les familles des enfants disparus. Selon une enquête de voisinage, il est un homme charmant, altruiste et un père de famille irréprochable. Son engagement pour des grandes causes humanitaires fait de lui une sorte de héros local. La fouille de sa maison à Pasadena n'a rien donné.

Laetitia referme le dossier, serre un poing et se frappe le front sans ménagement, à plusieurs reprises. Puis elle se lève et s'élance vers la sortie, sûre d'avoir trouvé sous quel masque se dissimulait le tueur. Son regard se renforce. Elle accélère encore le pas. Son temps est compté et elle en a déjà suffisament perdu.

Et vous, avez-vous découvert qui est le serial killer en lisant ces trois dossiers ?

NOTES

SOLUTION PAGE 88

MÉTRO, BOULOT, CRIMINO

Les prémisses

Une fine silhouette s'extirpe de l'édicule coiffant la station de métro Hôpital-çRobert-Debré, fantôme gracile dans l'air gris, puis s'immobilise devant la petite boutique d'un vendeur de journaux. Devant les unes du jour, l'inspectrice Carole Godefroi enfonce son bonnet sur sa tête et frotte ses mains pour les réchauffer. Il a gelé une bonne partie de la nuit et la ville de Paris est recouverte d'une fine pellicule de givre. L'hiver s'annonce rude. Et les températures bien en deçà des normales saisonnières n'augurent rien de bon. Comme si la météo avait décidé de s'accorder au déchaînement de violence subie par la capitale depuis quelques semaines.

En effet, quatre cadavres de femme ont été retrouvés dans les arrondissements de l'Est parisien. Toutes ont été violées et ont eu la gorge tranchée. Le mode opératoire identique a laissé rapidement penser aux forces de l'ordre que l'assassin est un tueur en série. Un type de criminel que l'on a plus l'habitude de voir sévir au cinéma ou dans les séries télévisées américaines que dans les rues françaises.

Carole, qui couvre l'affaire et en connaît le moindre détail, se remémore les scènes de crimes et la géographie correspondante. À chaque fois, les corps ont été découverts près de stations

de métro : Louis-Blanc, Jaurès, Bolivar et Place-des-Fêtes.

Elle soupire, exhalant une arabesque d'haleine tiède dans laquelle s'échappent ses pensées. C'est la première fois qu'elle se retrouve face à pareille monstruosité. Les homicides, elle connaît. Mais autant de sauvagerie, d'application à commettre le mal, elle n'avait jamais imaginé y être confrontée un jour. Frissonnante, elle relève le col de sa parka ourlé de fourrure synthétique, puis elle pénètre dans l'immeuble situé près de la station de métro où son collègue, Pierre Santini, l'attend depuis quelques minutes.

- Salut ! lui lance celui-ci en tapant des pieds sur les pavés. Ça caille !
- Hello, lui renvoie Carole. Où est le corps ?
- Dans la cour, près de la petite fontaine en pierre, répond Santini en pointant le lieu de son index frigorifié.
- Tu es le premier ?
- L'équipe scientifique est bloquée à cause du verglas... Et les gars du commissariat sont coincés dans les bouchons... C'est un beau merdier dans les rues, ce matin ! J'ai failli me casser la figure plus d'une fois !

Carole hoche positivement la tête, puis s'avance prudemment vers la nouvelle scène de crime. Elle ne tarde pas à découvrir le cadavre étendu sur le dos, jambes écartées. Une jeune femme blonde, la vingtaine, dont la tête repose dans une flaque de sang gelé.

- Gorge tranchée, soupire Carole, repoussant la nausée qui tente de l'envahir en cet instant. Encore une...
- Oui, et à en croire sa jupe relevée, l'enfoiré l'a violée avant de la tuer, ajoute son collègue, énervé.
- Tu as trouvé quelque chose ?
- Non, rien, à part un paquet de cigarettes vides, sans filtre. Mais rien n'indique qu'il appartient à l'assassin. Et ça m'étonnerait qu'on trouve ses empreintes dessus ; enfin on ne sait jamais...
- Les scènes de crimes de ce salopard sont désespérément clean, se navre Carole. Ce type est méticuleux. Pourtant, il agit dans l'urgence. Il ne veut pas risquer d'être surpris. Il choisit toujours des lieux où il y a du passage possible.
- Peut-être qu'un des habitants de l'immeuble a entendu ou vu quelque chose ?
- À cet endroit, la fontaine cache la vue. Quant à entendre du bruit, je pense qu'il les attaque par-derrière et les empêche de crier en plaquant sa main sur leur bouche. Tu as vu comme leur rouge à lèvres barbouille à chaque fois leur visage ?
- J'ai remarqué.

- Ce type est un malin, conclut Carole, l'air dévasté.
- Et il ne faut pas compter sur son ADN, car selon les rapports des légistes il utilise des préservatifs, complète Santini. Et des gants en latex...

Un silence s'installe entre les deux équipiers.

- Il a sans aucun doute opéré dans la nuit, pour que le sang gèle de la sorte, esquisse Carole rompant leur mutisme. Elle est blonde comme les autres...
- Oui, j'ai remarqué aussi. Cheveux longs, peau blanche, presque diaphane. Plutôt jolie et sportive... Les quatre premières étaient toutes inscrites dans un club de gymnastique, mais pas le même.
- Une franchise ? demande Carole.
- Non, et c'est bien dommage car cela aurait considérablement simplifié l'enquête.

Carole observe à nouveau le cadavre, remarque les ongles cassés de sa main droite. "Elle a dû se défendre", songe-t-elle. Mais il s'est révélé le plus fort. Il ne lui a laissé aucune chance.

- Ce tueur s'en prend uniquement à ce type de jeunes femmes. Mais pourquoi ? interroge Carole à voix haute.

Le front de Santini se plisse. Il cherche en lui la solution à ce puzzle morbide. Mais ne trouve aucune réponse. Sa collègue plante son regard vert dans le sien, bredouille.

- On pourrait sélectionner les casiers judiciaires des individus condamnés pour viol et habitant le secteur ? lance-t-elle.
- Je te rappelle qu'on l'a déjà fait et que ça n'a rien donné, souffle Santini.
- Nous sommes peut-être passés à côté de quelque chose, rétorque Carole. De toute façon, à ce stade, ça ne coûte rien de recommencer.

LE PROFILAGE

Carole Godefroi et Pierre Santini travaillent en vis-à-vis, chacun sur son ordinateur. Une odeur de café brûlé plane dans le bureau qu'ils partagent. Toute la journée et une partie de la nuit, ils ont sélectionné et trié plus de cent casiers judiciaires correspondant au profil du tueur recherché. Au petit matin, il n'en reste plus que quelques-uns qui recoupent toutes les informations dont ils disposent. Carole s'étire en tendant les bras vers le plafond et bâille bruyamment. Pierre, par effet de mimétisme, l'imite immédiatement.

– J'en ai un, annonce-t-il fièrement.

– Et moi deux, réplique Carole.

– Tu commences ?

– À toi l'honneur.

Pierre commence à lire :

EXTRAITS DU CASIER JUDICIAIRE DE ROLAND LACOURBE

RÉPUBLIQUE FRANÇAISE
MINISTÈRE DE LA JUSTICE
Direction des Affaires criminelles et des Grâces
Casier judiciaire national
44079 NANTES CEDEX 1

NOM : LACOURBE
PRÉNOM : Roland
Âge : 34 ans
Date naissance : 9 janvier 1980 à Neuilly-sur-Seine, 92
Dernier domicile connu : 13, rue Miguel-Hidalgo, XIXe arrondissement de Paris
État civil : marié à Sophie Charpentier, divorcé le 2 juin 2014
Signes particuliers : néant

Relevé des condamnations devant figurer au bulletin n°3 en application de l'art. 777 du code de procédure pénale

Arrêté le 24 janvier 1999 pour tentative de viol sur une mineure de moins de seize ans à Fontainebleau. Et condamné à deux ans de prison ferme avec obligation de suivi médical.
Arrêté le 30 septembre 2002 pour attentat à la pudeur dans les vestiaires féminins d'un club de judo. L'affaire est classée sans suite.
Arrêté le 2 octobre 2003 pour attentat à la pudeur dans les vestiaires féminins d'un hamam. L'affaire est classée sans suite.

Observations : l'individu est sportif et pratique plusieurs sports de combat. Lors de son séjour en prison, il aurait tenté de violer un jeune garçon blond au look « très féminin » selon les témoignages d'autres détenus. Faute de preuves, il n'a pas été inculpé. Sa femme a déposé une plainte pour coups et blessures répétés, mais s'est rétractée trois jours plus tard et a demandé le divorce.

– Ça te parle ? interroge Santini.
– Je ne sais pas encore, répond Carole, les yeux rivés sur son écran.
– Alors, je t'écoute. C'est à ton tour.

EXTRAITS DU CASIER JUDICIAIRE DE CHARLES HAUTAIN

RÉPUBLIQUE FRANÇAISE
MINISTÈRE DE LA JUSTICE
Direction des Affaires criminelles et des Grâces
Casier judiciaire national
44079 NANTES CEDEX 1

NOM : HAUTAIN
PRÉNOM : Charles
Âge : 43 ans
Date naissance : 3 décembre 1971 à Nice, 06
Dernier domicile connu : 26, avenue Mathurin-Moreau, XIXe arrondissement de Paris
État civil : marié à Chantal Pelletier, deux enfants
Signes particuliers : porte des lunettes pour corriger une sévère myopie
Ainsi qu'un clapet à la gorge, suite à une trachéotomie liée à un cancer

Relevé des condamnations devant figurer au bulletin n°3 en application de l'art. 777 du code de procédure pénale

Arrêté le 24 février 2001 pour tentative de viol sur deux étudiantes canadiennes à la Cité universitaire de Paris. Il est relaxé après le retrait de la plainte par les deux étrangères.
Arrêté le 30 novembre 2002 pour attentat à la pudeur sans violence à la gare de Lyon.
Arrêté le 30 novembre 2003 pour outrage public à la pudeur à la gare du Nord.

Observations : l'individu pratique la course à pied à haut niveau et a remporté plusieurs marathons internationaux. Il est coach sportif dans un centre de remise en forme en banlieue parisienne. Il était officier réserviste dans l'armée de terre avant sa condamnation pour attentat à la pudeur en 2002.

En l'absence de condamnation devant figurer au bulletin n°3, celui-ci ne comporte qu'une barre transversale
(Art. R.84 du code de procédure pénale)

– Au suivant ! s'exclame Carole, pressée d'en finir.

EXTRAITS DU CASIER JUDICIAIRE DE CHRISTOPHE PERRULO

RÉPUBLIQUE FRANÇAISE
MINISTÈRE DE LA JUSTICE
Direction des Affaires criminelles et des Grâces
Casier judiciaire national
44079 NANTES CEDEX 1

NOM : PERRULO
PRÉNOM : Christophe
Dernier domicile connu : 47, rue Armand-Carrel, XIXe arrondissement de Paris
État civil : marié à Hélène Reuil-Bretonneux, deux enfants
Signes particuliers : bras droit légèrement atrophié suite à une poliomyélite infantile

Relevé des condamnations devant figurer au bulletin n°3 en application de l'art. 777 du code de procédure pénale

Arrêté le 16 avril 1998 pour tentative de viol sur une jeune restauratrice de fastfood. Il est relaxé après le retrait de la plainte par l'intéressée.
Arrêté le 7 novembre 2000 pour coups et blessures involontaires infligées à une jeune femme lors d'une séance de bondage pratiquée dans un club échangiste parisien.
Arrêté le 1er juin 2001 pour outrage à la pudeur à la sortie d'une salle de gymnastique. L'interessé se masturbait en public.

Observations : l'individu est chômeur de longue durée. Il occupait un poste de contrôleur SNCF avant d'être licencié pour faute grave suite au harcèlement sexuel à l'égard d'une de ses collègues dont il se serait rendu coupable. Il pratique le culturisme de façon intensive et malgré son léger handicap, il a développé une musculature impressionnante.

En l'absence de condamnation devant figurer au bulletin n°3, celui-ci ne comporte qu'une barre transversale
(Art. R.84 du code de procédure pénale)

Le magistrat chargé du Casier judiciaire national

Réf R

La voix de Carole s'éteint sur ces derniers mots.
– Donc ? interroge Santini.
– Tu n'as pas trouvé ?
– Euh, j'avoue que les trois sont d'excellents candidats.
– Pourtant un seul d'entre eux porte sa culpabilité comme le nez de la figure et dire que je ne l'avais pas remarqué de prime abord ! Je suis vraiment stupide !

Et vous, avez-vous découvert qui est le serial killer en lisant ces trois dossiers ?

NOTES

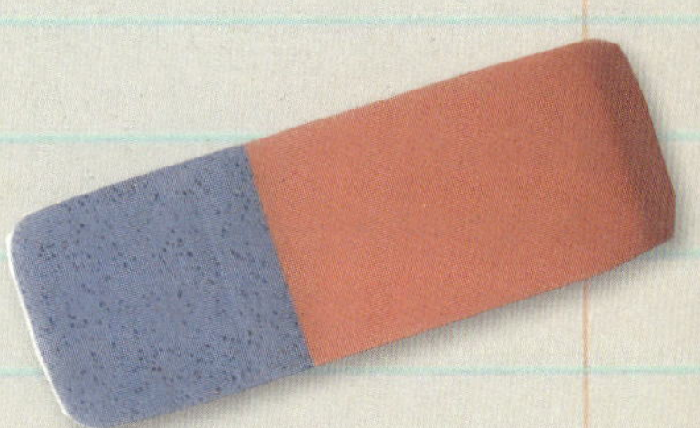

SOLUTION PAGE 89

SUR LA ROUTE

Les prémisses

Le chemin est boueux et serpente au milieu d'une campagne rase. La pluie a cessé de tomber, mais de nombreuses flaques attestent des averses qui se sont abattues sur la région ces derniers jours. Sous un ciel encombré par des nuages gris boursouflés, la voiture de l'inspecteur Roger Portman évite autant que faire se peut ces trous remplis d'une eau sombre et slalome à vitesse réduite vers la scène de crime où s'affairent déjà ses collègues et l'équipe technique. Son véhicule s'immobilise à l'orée d'un bois près de troncs entassés. Portman descend en prenant soin de ne pas salir ses chaussures, et progresse d'un pas prudent jusqu'à parvenir à la hauteur de l'un de ses collègues, occupé à photographier les lieux.

– Salut, Marc, souffle Portman en lui tapant sur l'épaule.

– Je ne t'attendais plus, répond l'inspecteur Marc Avinain en grimaçant.

– J'ai relu rapidement les dossiers avant de venir. Je voulais tout avoir précisément en tête.

– Tu as bien fait, parce que je crois qu'il s'agit bien d'une nouvelle victime du Routard. En tous cas, les premiers éléments permettent de le penser.

Le Routard était le surnom donné par les médias à un tueur en série qui sévissait depuis cinq ans dans toute la France, depuis son premier meurtre le 25 janvier 2010. Les enquêteurs en charge de l'affaire lui attribuaient au moins seize assassinats : hommes, femmes, enfants. Le Routard semblait tuer tous ceux qui croisaient sa route, au hasard des rencontres. Il signait ses crimes par un mode opératoire proche de celui d'un chasseur, vidant ses victimes de leur sang en les égorgeant.

– Où est le corps ? s'enquiert Portman en fouillant du regard les environs.

– Attaché à un arbre, derrière le talus, répond son collègue.

Un homme, la quarantaine, qui d'après les premiers témoignages recueillis par les gendarmes dans le hameau d'à côté serait le responsable d'un chenil.

- De la corde de marine ?
- Oui, comme pour les autres, confirme Avinain, l'air navré et accablé.

Portman enjambe une grosse branche de bois mort et progresse sur un tapis de feuilles humides. Son collègue lui emboîte le pas. Bientôt, ils arrivent sur la scène du crime. De nombreuses silhouettes s'affairent autour de l'arbre au tronc duquel est ligoté un homme mort. Sa tête est inclinée sur son cou tranché net. Du sang a maculé ses vêtements.

- Même mode opératoire que tous les précédents, soupire Portman en détaillant le macabre spectacle qui s'offre à lui.
- Pour l'instant, on n'a pas trouvé grand-chose, ajoute Avinain, sur un ton désolé. Des traces de pas dans la boue près de l'arbre... Profondeur régulière pour le pied droit et le pied gauche...
- Celles de la victime ? interroge aussitôt son collègue.
- Non. L'empreinte est différente. Du 44. La semelle porte une étoile à cinq branches qui a marqué le sol...
- Et la victime ?
- Elle chaussait du 41.

L'inspecteur Portman esquisse un vague sourire. C'est la première fois que le Routard laisse derrière lui ce qui ressemble à un indice. Un début de piste, enfin, après cinq années dans le flou le plus total.

- Mais rien ne prouve qu'il s'agit des empreintes du tueur, précise son collègue, brisant ses espoirs naissants. Ce sont peut-être celles de bûcherons ou de chasseurs et...
- Des traces de pneumatiques ? Un véhicule ? l'interrompt Portman.
- Rien pour l'instant, de ce côté-là.
- La victime n'est pas venue à pied jusqu'ici, tout de même !
- Selon le maire du village, il aimait se balader avec son chien, chaque matin.
- Où est le chien ?

En guise de réponse, Avinain hausse les épaules en grimaçant.

- Aucune idée ! Mais on s'en fiche, du clebs !
- Et le Routard, comment est-il arrivé jusqu'ici ?
- Chaque fois qu'il commet un crime, c'est dans un lieu isolé : des champs, des forêts, des bois, des routes. Il évite les villes. Peut-être que ce type ne possède tout simplement pas de voiture !

Portman se frotte le front d'un revers de la manche de son loden gris, humidifié par le fin crachin qui commence à tomber.
- Pour l'arme du crime, poursuit Avinain, il s'agirait encore une fois d'un couteau de chasse, particulièrement bien aiguisé.
- Il n'a pas utilisé la lame crantée cette fois-ci, alors, souffle Portman.
- Non. Selon Olivier, dont le père est chasseur, il s'agirait d'un couteau à lame pivotante conçue pour couper, dépecer et dépouiller le gibier.
- Un chasseur-cueilleur, murmure Portman.
- Qu'est-ce que tu racontes ? s'étonne son interlocuteur.
- Ce terme désigne des peuples vivant des produits de la chasse, de la cueillette, de la pêche, du ramassage, de la collecte...
- Où veux-tu en venir ?

Portman plante son regard dans celui de son collègue.
- Le dénominateur commun à toutes ces activités est l'économie de subsistance, explique-t-il d'un ton docte. Notre tueur est un nomade ! C'est en tenant compte de ce postulat que nous devons poursuivre nos recherches. On a tout faux depuis le début. Nous n'avons pas cherché dans la bonne direction.
- Tu n'aurais pas une idée derrière la tête ? spécule l'inspecteur Avinain qui connaît bien son collègue.

Deux ans qu'ils font équipe et traque le Routard avec détermination.

Deux ans de travail acharné qui, malgré la situation d'échec qui est encore la leur aujourd'hui, a profondément lié les deux hommes.
- Ça se pourrait, ça se pourrait, marmonne l'autre en s'éloignant.

LE PROFILAGE

Un chaos impressionnant règne dans le bureau de l'inspecteur Portman. Les dossiers, les cartons à archives s'y empilent en d'imposantes colonnes précaires. Au mur, de nombreux clichés représentant les différentes scènes de crimes imputés au Routard, certains scotchés, d'autres punaisés. Une carte de France où sont localisés par de petits drapeaux rouges les différents endroits où une partie des meurtres a été commis est accrochée à la porte : Melun, Corbeil, Rennes, Dunkerque, Massy-Palaiseau, Vanves, Menton. Étrangement, Portman sait se retrouver dans ce capharnaüm. Et prétend même que le désordre l'aide à mettre de l'ordre dans les affaires sur lesquelles il enquête. Ses états de service et ses résultats impressionnants lui donnent raison. Quand Avinain pousse la porte de son antre, Portman est assis sur le sol, le nez dans le contenu de trois boîtes réparties autour de lui.

– Pourquoi tu m'as appelé ? demande son collègue, intrigué.

– Parce que j'ai trouvé trois supects potentiels, répond Portman sans relever la tête.

– Ah bon, se contente de souffler Avinain en avançant d'un pas.

– Trois chasseurs-cueilleurs, murmure Portman en extrayant un feuillet d'une des boîtes posées devant lui. Trois candidats au titre de Routard, dont la sortie de leur premier internement psychiatrique coïncide avec la date du premier meurtre de notre serial killer...

– Des marginaux ?

– Oui, sans domicile fixe, des vagabonds...

– Une victime a été retrouvée à Melun, intervient l'inspecteur Avinain. Et une autre à Corbeil...

– Je n'ai pas fini, l'interrompt Portman.

– C'est pourtant un client sérieux, objecte son collègue.

– Lebondroit est l'un des trois clients sérieux, ni plus ni moins pour le moment.

Sur ces mots, Portman enfonce une main dans une nouvelle boîte et en sort un feuillet protégé par une chemise en plastique transparent.

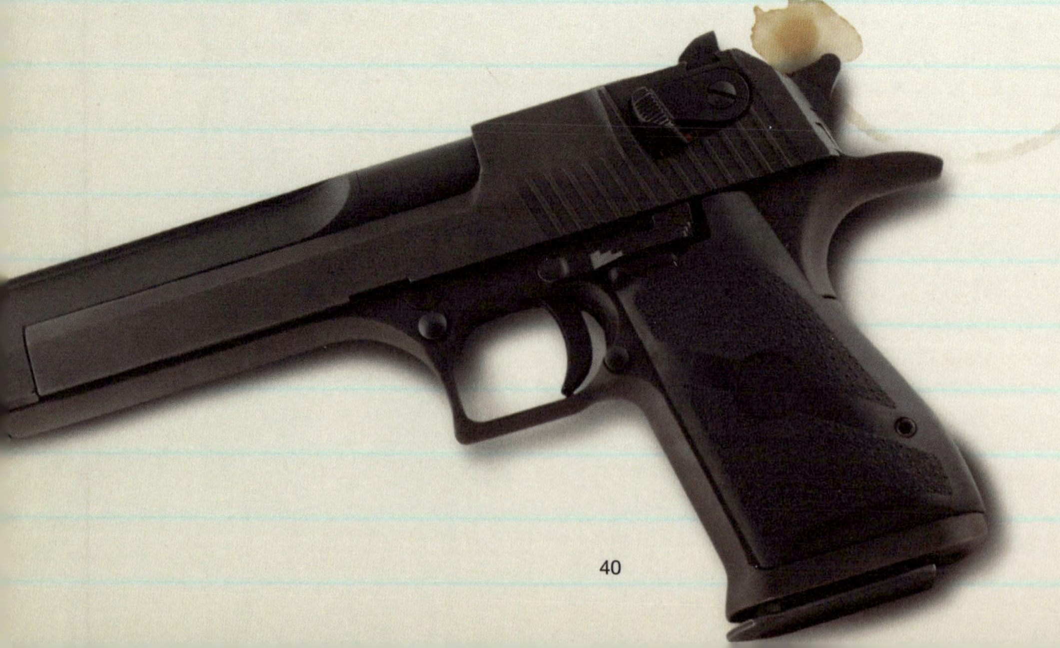

HP

NOM : LEBONDROIT
PRÉNOM : Yan
Âge : 35 ans
Date de naissance : 7 janvier 1979 à Caen, Calvados

Dernier domicile connu : 143, allée des Acacias, Hérouville-Saint-Clair, 14

État civil : marié à Marianne Ledantec, divorcé le 2 juin 1989, marié à Gisèle Soizic, divorcé le 13 mars 1998

Signes particuliers : le patient est victime d'un léger boitement

Entrée/sortie : interné le 24 février 2005 pour démence aggravée, le patient se prétend pourchassé par des animaux sauvages. Victime d'une grave alcoolo-dépendance, très instable au début de son hospitalisation, il se révèle violent et passe son temps à tendre des pièges au personnel. Une infirmière a fait une chute en se prenant les pieds dans un fil tendu en travers de son chemin. Une autre a été légèrement blessée par un projectile tiré à l'aide d'un lance-pierre de fortune. Le patient est estimé guéri par le docteur Lisa Gral et autorisé à sortir sous contrôle médical le 15 janvier 2010.

Observations : l'individu ne s'est pas soumis à son contrôle médical. Et nous avons perdu sa trace peu de temps après son autorisation de sortie.
Il a été signalé dans un centre d'accueil pour sans-abri près de Melun, en Seine-et-Marne.
Puis dans un centre de réadaptation par le travail près de la ville de Corbeil dans l'Essonnes.

– Celui-ci présente également un profil intéressant ! s'exclame Avinain, qui se tient désormais debout au-dessus de son collègue accroupi.
– Reste le troisième, souffle Portman en attrapant la dernière boîte. Et après, je veux entendre ton avis.
– Mais tu t'es déjà forgé le tien, non ?

L'inspecteur Portman esquisse une vague grimace, invisible aux yeux de son collègue. Oui, il sait qui est le Routard. Mais dans ce métier, deux certitudes valent mieux qu'une.

EXTRAITS DU DOSSIER PSYCHIATRIQUE JEAN-CLAUDE ASTURI

HP

NOM : ASTURI
PRÉNOM : Jean-Claude
Âge : 50 ans
Date de naissance : 3 décembre 1971 à Biarritz, Pyrénées-Atlantiques
Dernier domicile connu : 26, rue des Étourneaux, Poitiers,86
État civil : célibataire
Signes particuliers : une large cicatrice lui barre la gorge. Il s'agirait d'une séquelle des violences parternelles subies pendant son enfance

Entrée/sortie : interné le 1er février 2006 pour violences sous l'effet de drogues psychotropes, le patient révèle rapidement de graves troubles de la personnalité. Aucune schizophrénie n'est pourtant détectée au cours des différentes évaluations. Victime de châtiments corporels pratiqués par un père chasseur durant son enfance, le patient s'imagine à la fois être une proie et un prédateur. Et ce à tour de rôle, de façon cyclique. Le patient est néanmoins estimé guéri par le docteur Arthur Ouali et autorisé à sortir sous contrôle médical le 17 janvier 2010.

Observations : le patient est arrivé chaussé de bottes Eagle Star. Il a refusé de les quitter pendant trois semaines, prétextant qu'elles appartenaient à son père. Il a fallu les lui faire quitter par la force pour le laver. Ce n'est qu'après une thérapie par l'hypnose que les médecins ont enfin réussi à lui faire accepter calmement de les enlever, au moins pour dormir.

L'inspecteur Portman se relève et grimace sous l'effet du fourmillement qui s'empare de ses jambes ankylosées par une station accroupie prolongée.

– Je crois que j'ai trouvé, annonce son collègue.

– Tu crois ou tu es sûr ?

– Je suis sûr, c'est tellement évident.

EXTRAITS DU DOSSIER PSYCHIATRIQUE D'ARTHUR REVERDON

HP

NOM : REVERDON
PRÉNOM : Arthur
Âge : 44 ans
Date naissance : 3 mai 1970 à Bordeaux, Gironde
Dernier domicile connu : 234, allée des Poètes, bâtiment A, appartement 345, Les Bleuets à Mantes-la-Jolie,78
État civil : célibataire
Signes particuliers : en l'absence de prothèse, le patient porte un bandeau pour cacher un œil crevé, suite à une rixe dans un foyer d'accueil pour SDF

Entrée/sortie : interné le 1er juillet 2007 pour troubles violents du comportement, le patient révèle de nombreuses pathologies d'ordre schizophrénique. Le patient est estimé guéri par le docteur Maxime de Lariboisière et autorisé à sortir sous contrôle médical le 19 janvier 2010.

Observations : le patient est arrivé habillé en chasseur, en mimant des tirs de fusil sur des proies imaginaires. Il a longtemps prétendu que des renards avaient envahi l'établissement et qu'il fallait s'en débarraser coûte que coûte. Ce n'est qu'après une thérapie médicamenteuse que le patient a admis que ces animaux étaient le fruit d'un délire paranoïaque. Une expertise d'un psychologue canadien a détecté une possible sociopathie, mais toutes nos contre-expertises ont démenti cette assertion. Il a été établi plus sûrement que le patient souffrait d'une phobie de tout objet relatif à l'environnement marin. Il est possible qu'il ait été victime d'un début de noyade causant cette peur incontrôlable de tout élément ayant trait de près ou de loin à un bateau.

Et vous, avez-vous découvert qui est le serial killer en lisant ces trois dossiers ?

NOTES

SOLUTION PAGE 90

LE ROI DE LA JUNGLE

Les prémisses

Ian Brook manqua de trébucher sur un parpaing et se rattrapa in extremis à un pilier de béton en jurant vulgairement. Le profiler du FBI déambulait depuis une demi-heure dans un dédale de hangars, plantés au milieu d'une friche industrielle perdue dans la banlieue de Chicago. Ses collègues n'avaient pas pris la peine de lui indiquer précisément où se trouvait la scène de crime, se contentant de lui donner l'adresse de cette ancienne usine de construction automobile, aujourd'hui désaffectée.
Soudain, l'agent Brook entendit des rumeurs et aperçut des silhouettes qui s'agitaient au bout d'un vaste espace jonché de carcasses de voitures oxydées. Il accéléra le pas, esquiva une flaque d'eau croupie et parvint à la hauteur d'un jeune homme qui observait un cadavre suspendu par des chaînes, les bras en croix.

- C'est son œuvre ? interrogea Brook.
- Ça ne fait aucun doute, répondit sans hésiter son collègue, William Vance. Une femme, la vingtaine, torturée et tuée d'un coup de couteau en plein cœur avant d'être mise en scène de la même façon macabre que les autres...
- C'est donc la trente-sixième victime de ce fumier, souffla Brook en baissant la tête de dépit.
- Officiellement, oui, confirma son collègue. Mais officieusement, qui sait combien ce monstre a tué de femmes ?

Brook hocha machinalement la tête.

- Un seul coup de couteau ?
- Oui, lame longue, fine et tranchante, répondit Vance. Donné par un gaucher, si l'on en croit l'angle de pénétration... Nous sommes bien face à un nouveau crime perpétré par le Tueur de Femmes comme l'ont surnommé les médias.
- Des marques de sévices ? poursuivit Brook.
- Plusieurs brûlures de forme circulaire... Peut-être provoquées par le contact d'un allume-cigare. Quelques ecchymoses et des

ongles cassés, la malheureuse a dû se débattre, tenter de s'enfuir. Et des morsures profondes, au niveau du cou.

- On a affaire à un putain de vampire suceur de sang, ou quoi ? intervint Vance.
- Ça ressemble plus à une volonté de puissance, corrige Brook qui a compulsé une masse impressionante de livres traitant de ce sujet. Une manière de signifier qu'il est le prédateur ultime.
- Ouaip, fit Vance. Je dirais que c'est surtout un putain de cinglé !

À ces paroles, Brook grimaça puis se massa longuement le menton tout en se concentrant sur les détails que lui avait exposés son collègue. Depuis dix ans, ce tueur en série narguait les forces de l'ordre, en creusant un sillage morbide. L'individu ne laissait aucun indice, aucune traces ADN derrière lui. Il se contentait de ritualiser ses meurtres odieux et de les signer en laissant à chaque fois une lettre manuscrite.

- On a retrouvé l'enveloppe ? interrogea Brook, tout en connaissant déjà la réponse.
- Oui, scotchée sur l'abdomen de la victime, confirma son collègue en tendant un sachet plastique. La voilà !

Brook s'en saisit et lut à travers le plastique transparent.

Il restaure mon âme. Il me conduit dans les sentiers de la justice. À cause de son nom. Quand je marche dans la vallée de l'ombre de la mort, je ne crains aucun mal, car tu es avec moi. Ta houlette et ton bâton me rassurent. Tu dresses devant moi une table. En face de mes adversaires. Tu oins d'huile ma tête. Et ma coupe déborde.

- Toujours le même passage de la Bible, commente Vance. Le psaume 23 décrit Dieu comme un berger nourrissant et menant son troupeau...
- Et pas le sacrifiant, l'interrompt Brook en analysant l'écriture parfaitement formée, presque scolaire.
- Notre tueur est un mégalomane qui se prend pour Dieu, tu crois ?
- Il est évident qu'un fort besoin de reconnaissance transparaît

dans ses messages, comme dans ceux de nombreux tueurs en série. Ils veulent être reconnus. Ils veulent que les gens les distinguent des autres.

- Le papier semble identique aussi.
- À première vue, il s'agit encore d'une simple feuille au format A4, 80g, blanche comme des millions consommées chaque jour dans le monde par des imprimantes ou des photocopieurs. Aucune empreinte, aucune fibre n'a été retrouvée sur les autres. L'équipe technique est formelle.

Soudain, un cri émanant d'un membre de l'équipe scientifique résonne. Brook et Vance se précipitent vers sa source.

- On a trouvé quelque chose ! s'exclame une voix féminine filtrée par un masque de protection.
- De quoi s'agit-il ? s'impatiente Brook.
- D'une dent, précise-t-elle en présentant sa trouvaille coincée entre son pouce et son index gantés.
- Tu crois que c'est notre tueur qui l'a perdue ? demande Vance, fébrile.
- Il a mordu une fois de trop, se contente de répondre Brook. On peut en tirer quelque chose ? s'enquiert-il auprès de sa collègue.
- La dent fournit de nombreux renseignements : anatomiques, physiologiques, pathologiques ou thérapeutiques, explique-t-elle doctement. On peut notamment déterminer avec une certaine approximation l'âge et le sexe d'une personne, ainsi que ses habitudes de vie. Par exemple, l'usure des dents nous permet parfois de reconnaître un gaucher... Et avec un peu de chance on pourra recouper avec un dossier dentaire, s'il existe.

Une lueur de satisfaction éclaire les visages des agents du FBI.

- Alors ne perdons pas de temps ! conclut Brook. Il est grand temps de coincer ce fumier et de le punir pour ces crimes !

LE PROFILAGE

– Pas de dossier dentaire correspondant à la dent trouvée sur la scène de crime, souffle Vance, l'air défait.

– Peut-être, mais nous avons trois suspects potentiels qui ont consulté après avoir perdu une dent dans une zone de cent kilomètres et juste après l'heure et la date du crime, se félicite Brook.

– Reste à déterminer lequel est notre tueur en série qui se prend pour un dieu !

– Un prédateur, Willy, un prédateur, corrige Brook avant de se saisir d'un des trois rapports remis par la graphologue du FBI, Kate Mornt. Nous les avons placés en détention provisoire et j'ai ordonné une analyse graphologique, afin de déterminer si l'écriture de l'un d'entre eux correspond à celle du tueur. Ils ont tous recopié le psaume 23...

ANALYSE GRAPHOLOGIQUE N•000567-KB

Date : Février 2015
Sujet : **Kevin Bacon**
Âge : 23 ans
Concordance possible avec les échantillons trouvés sur les scènes de crimes : 90 %

ÉCHANTILLON D'ÉCRITURE :

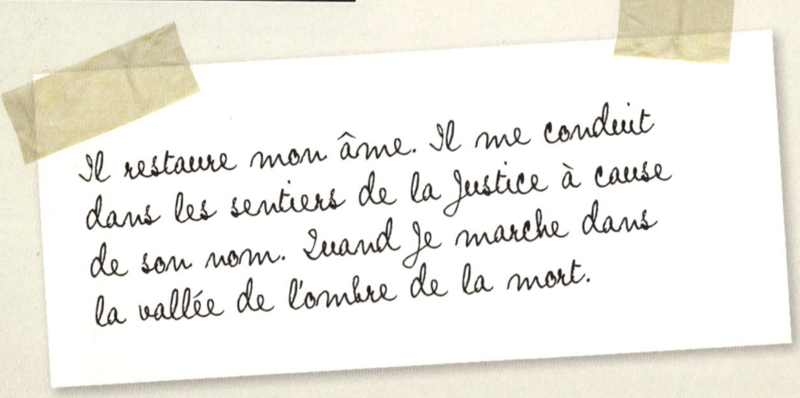

ANALYSE GRAPHOLOGIQUE N•000567-KB

Rapport :

La personnalité de Kevin se caractérise par une belle aisance de comportement et une harmonie générale de ses tendances, ce qui lui permet d'aborder le monde avec confiance et de mettre en œuvre son potentiel avec détermination. Ainsi, il sait se positionner naturellement dans un groupe et y jouer pleinement son rôle, se faire reconnaître et apporter sa touche de féminité et de gentillesse. Curieux des autres, il entre en relation avec eux avec simplicité, sans timidité, en sachant exercer son autorité qu'il exprime clairement et sans ambiguïté.

Kevin accepte et accueille les autres tels qu'ils sont, de manière à échanger positivement afin que chacun participe à l'œuvre commune et en retire des satisfactions.

Je détecte chez lui une très forte intensité d'implication. Ses convictions sont fortes. Il aime ce qu'il fait. Il peut s'énerver et s'emporter quand il ne parvient pas à réaliser ses objectifs ou quand il rencontre une trop grande résistance. Et la violence contenue en lui pourrait alors se libérer. Habité d'un grand amour-propre, il aime savoir qu'il est quelqu'un qui compte. Il a à cœur de ne pas décevoir et sait se montrer fiable. Certaines failles transparaissent cependant. Il dissimule ses déceptions et combat une grande vulnérabilité affective en établissant une distance et en se parant d'une grande discrétion.

Il sait tirer les leçons du passé et évite par tous les moyens de rééditer ses erreurs. Réaliste et intuitif, actif et participant, il fait preuve de présence d'esprit pour maîtriser l'événement et utiliser habilement toutes les personnes qu'il rencontre. Ambitieux et créatif, il progresse dans sa vie et dans son travail en se projetant régulièrement dans de nouveaux projets. Son rapport à la foi semble très fort et il lui est inconcevable de la remettre en question ou de blasphémer.

ANALYSE GRAPHOLOGIQUE N•000899-LT

Date : Février 2015
Sujet : **Lilian Turner**
Âge : 33 ans
Concordance possible avec les échantillons trouvés sur les scènes de crime : 90 %

ÉCHANTILLON D'ÉCRITURE :

Il restaure mon âme. Il me conduit dans les sentiers de la justice. À cause de son nom. Quand je marche dans la vallée de l'ombre de la mort.

Rapport :

Volontaire, animé par un esprit de recherche, Lilian ne se contente jamais de l'acquis et ne s'installe pas dans des évidences rassurantes. Il a besoin de challenge. Cadre et contraintes lui sont nécessaires, ne serait-ce que pour les contester car il possède un esprit de contradiction marqué et ne supporte pas de se sentir prisonnier. Il a toujours peur, intérieurement, qu'on lui coupe les ailes, qu'on bride ses élans. Cette peur se concrétise par une nature volontiers provocatrice et un comportement destructeur. Il est donc toujours partant et se sent investi d'une intuition qui lui permet de pressentir tous les possibles, qu'il s'agisse des événements ou des gens qu'il rencontre. Son statut d'homme dominant le préoccupe au plus haut point et il ne manque aucune occasion de l'affirmer. Son intelligence, précise et rigoureuse, lui permet de mettre en évidence ce qui est important, de l'ordonner et de le souligner. D'une grande rigueur, il sait trancher et combattre et ne se laisse pas convaincre. Sous cette assurance, je distingue cependant d'importantes incertitudes. Son écriture aux traits circulaires semble vouloir dire que sa vie n'est pas à la hauteur de ses aspirations. Et il semble en quête perpétuelle d'un idéal impossible à atteindre. Individualiste plus que convivial, il a une tendance à s'enfermer dans sa tour d'ivoire. Il est trop fier pour s'épancher. Il se veut fort, se pense fort. À travers ces différents aspects de sa personnalité transparaît une solitude affective qui peut le rendre extrêmement dur envers ses proches et les autres. La violence lui apparaît certainement comme un moyen parmi tant d'autres de parvenir à ses fins. Il sait saisir les opportunités pour faire avancer ses projets et affirmer sa fonction ainsi que ses positions. Son trait très appuyé semble marquer cette volonté de s'imposer en tête de peloton.

ANALYSE GRAPHOLOGIQUE N•000899-LT

Date : Février 2015
Sujet : **Mohamed Akiram**
Âge : 29 ans
Concordance possible avec les échantillons trouvés sur les scènes de crime : 90 %

ÉCHANTILLON D'ÉCRITURE :

Il restaure mon âme. Il me conduit dans les sentiers de la justice. À cause de son nom. Quand je marche dans la vallée de l'ombre de la mort.

Rapport :

Très indépendant, soucieux de marquer lui-même les limites, Mohamed est en rupture avec son passé et veut mener sa vie en fonction d'objectifs raisonnables, quitte à ne pas réaliser tous ses rêves. Et à se réfugier dans son monde personnel à chaque déception. Ce qui ne l'empêche pas d'être extrêmement courageux et constructif. C'est avant tout un réalisateur qui sait d'instinct comment gérer une situation. Il prend très à cœur son travail, au risque de mal supporter d'éventuels échecs ou des critiques, même justifiées. Sa tendance naturelle est de considérer toutes les critiques comme des remises en cause personnelles. Je détecte une relation à la féminité très complexe. Il se sent certainement fortement déstabilisé et abandonné lorsqu'il se trouve confronté à l'inattendu. Il est donc pessimiste, ce qui l'incite à emmagasiner le plus de connaissances et de sécurités possibles. Il est assimilateur et retient les notions dont il a besoin pour mener ses activités à bien. Doué de jeunesse et de fraîcheur d'esprit, il a toujours envie d'améliorer l'existant. Sur le plan relationnel et affectif, il est fidèle, conservateur, et se méfie de tout ce qui est irrationnel. Il passe tout au crible de sa propre logique, et il lui faut du temps pour faire confiance. Si la confiance est établie, il ne supporte pas qu'elle soit rompue. Si tel est le cas, la violence devient certainement son seul langage, tant elle est contenue dans l'expression de ses traits.

– Je ne vois pas en quoi ce charabia peut nous aider, souffle Vance.
– Pourtant, il m'a permis de trouver notre coupable, rétorque Brook.

Et vous, avez-vous découvert qui est le serial killer en lisant ces trois analyses graphologiques ?

NOTES

SOLUTION PAGE 91

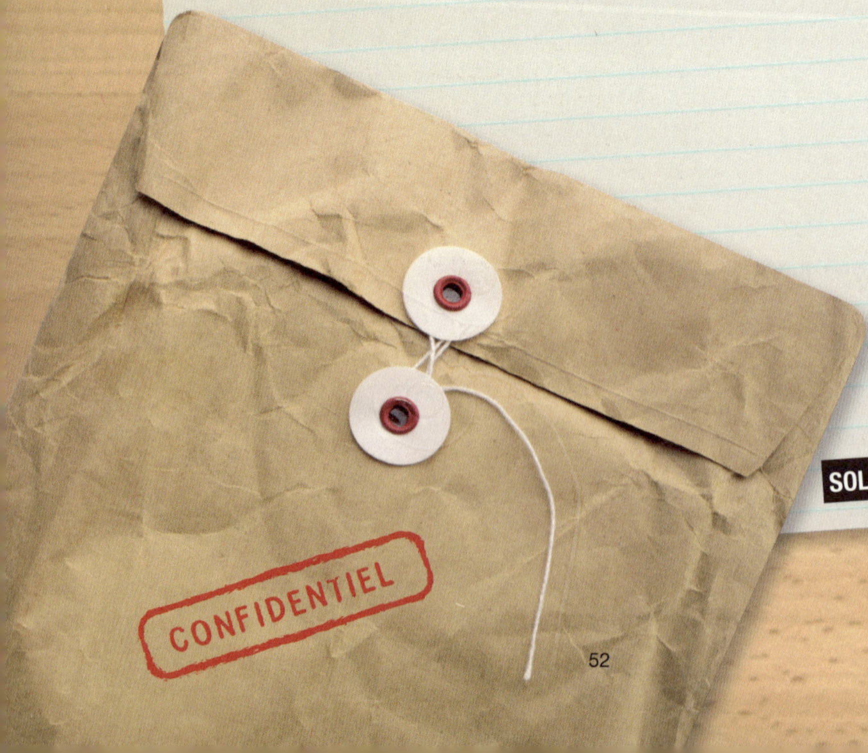

UN PARFAIT NŒUD DE CRAVATE

Les prémisses

– Qu'est-ce qui peut bien motiver un tueur en série ? demanda Raoul Steiner, une jeune recrue du FBI, fraîchement débarquée du centre de formation de Quantico.

– Des abus durant l'enfance, la génétique, des déséquilibres chimiques, des blessures à la tête entraînant des dommages au cerveau, l'exposition à des événements traumatisants et des faits ressentis comme des injustices sociales, énuméra Paul Hashton, l'un des plus célèbres profilers du Bureau.

– L'implication terrifiante de tout cela est qu'une grande partie de la population a été exposée à au moins l'un de ces traumatismes dans son enfance, opine l'agent Steiner en grimaçant.

– Il existe quelque chose qui retient la majorité d'entre nous de tuer les autres. Manque-t-il aux tueurs en série cette barrière de sécurité morale ? Ou sont-ils contrôlés par quelque chose d'insondable ? questionna Hashton en ajustant son impeccable costume gris.

Les deux hommes se tenaient dans une pièce éclairée par des néons scintillants. La lumière artificielle, crue, nimbait l'espace d'une atmosphère clinique. Autour d'eux, les cloisons étaient recouvertes de documentation, de plans, de cartes, de photographies, de coupures de journaux...

EXTRAIT DU WASHINGTON EVENING NEWS :

Le tueur à la cravate a fait une nouvelle victime. Le mardi 9 septembre, peu après minuit, le corps d'Ana Langman été retrouvé sur le parking d'un fast food dans une zone commerciale de la banlieue, Washington DC. La jeune femme âgée de 25 ans a été violée et étranglée à l'aide d'une cravate. L'arme du crime a été découverte sur les lieux. Il s'agirait de la sixième victime d'un tueur en série particulièrement retors qui tient en échec le FBI depuis de nombreux mois.

EXTRAIT DU WASHINGTON TODAY :

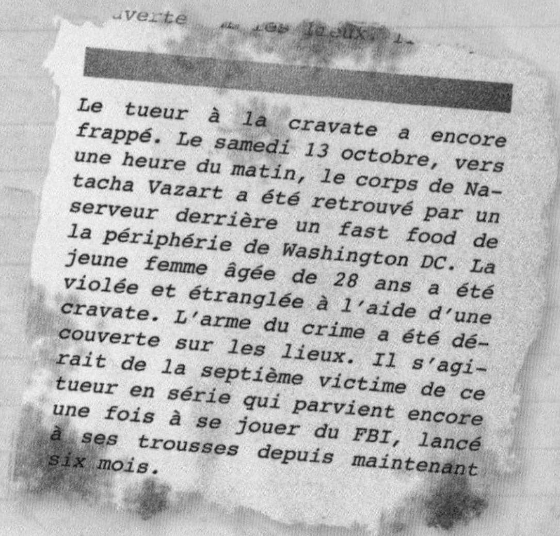

Le tueur à la cravate a encore frappé. Le samedi 13 octobre, vers une heure du matin, le corps de Natacha Vazart a été retrouvé par un serveur derrière un fast food de la périphérie de Washington DC. La jeune femme âgée de 28 ans a été violée et étranglée à l'aide d'une cravate. L'arme du crime a été découverte sur les lieux. Il s'agirait de la septième victime de ce tueur en série qui parvient encore une fois à se jouer du FBI, lancé à ses trousses depuis maintenant six mois.

- Son mode opératoire est simple pourtant, souffle Hashton. Qu'est-ce qui m'échappe ?
- À chaque fois, le tueur viole sa victime et l'étrangle avec une cravate en soie de marque française. Toujours près d'un restaurant...
- Il les invite à dîner avant de les tuer ? esquissa Hashton.
- Une manière de les faire passer à table, plaisante Steiner.
- Vous trouvez ça drôle ?

Le jeune agent hoche négativement de la tête, confus.
Hashton s'approche d'une série de clichés sur lesquels on peut voir quelques-unes des cravates utilisées par le tueur et abandonnées derrière lui.

- Elles sont toutes imprimées de motifs géométriques, constate-t-il. Des losanges, des ronds, des triangles, des carrés, des rectangles...
- Vous pensez que cela signifie quelque chose quant à sa personnalité ?
- Le hasard n'existe pas chez les tueurs en série, rétorque Hashton. Consciemment ou inconsciemment, ces criminels laissent tous des indices.
- A-t-on la liste des restaurants ? demande Steiner avec l'impression de se retrouver face à un professeur de criminologie.
- Là, souffle Hashton en pointant un coin de tableau sur lequel étaient inscrits au marqueur les noms des établissements près desquels avaient été retrouvées les victimes.

CHICKEN & CO
MAC FAST
TACO STYLE

QUICK & START
OLD MEXICAN BURGER
BEST BURGERS
HOT-DOGS KINGDOM

- Uniquement des enseignes de restauration rapide, conclut Hashton.
- Et toutes situées dans la périphérie de Washington, ajoute Steiner.

Hashton s'empare d'un feutre et trace un dessin sur une carte où figurent les différentes scènes de crimes.

- Si on relie toutes ces adresses, on forme un cercle quasi parfait ! s'exclame-t-il.
- C'est effectivement surprenant, mais ça ne nous en apprend pas plus sur l'identité du tueur, risque Steiner.
- Au contraire, ça laisse apparaître son plan, l'architecture de son esprit...
- Mais rien ne transpire de son identité, l'interrompt Steiner.
- Nous sommes face à un violeur, suffisamment bel homme pour attirer de jeunes et belles femmes à manger avec lui. Il habite la région de Washington et se déplace beaucoup. Une recherche sur le site familywatchdog.us nous éclairera peut-être.
- Vous utilisez ce site ? s'étonne Steiner.
- Il a été constitué à partir des données publiques des lois de Megan promulguées en 1996, du nom de cette petite fille de sept ans tuée et violée par un des voisins de sa famille dans le New Jersey.
- C'est un site privé !
- Et alors ? Tous les moyens sont bons, souffle Hashton en s'approchant d'un ordinateur. Dans la catégorie **Find Offenders**, il suffit d'indiquer Washington DC dans la case city.
  Ensuite, apparaît la carte de la ville avec différents points de couleurs. Jaune : violeur. Rouge : pédophile. En cliquant sur le carré de son choix, l'utilisateur a automatiquement accès à un fichier concernant le criminel. Sa photo, sa description physique, son adresse, l'adresse de son employeur, son surnom, et ses différentes condamnations.

Tout en expliquant la procédure, Hashton s'exécute. Ses doigts pianotent sur le clavier, puis sa main s'empare d'une souris. Quelques clics, et une fenêtre contenant une carte de la ville s'ouvre devant eux. De nombreux pictogrammes colorés la ponctuent rapidement.

- Et maintenant, il ne reste plus qu'à sélectionner parmi tous ces suspects ceux dont le profil est le plus proche de celui du tueur, conclut Steiner qui vient de comprendre la logique imparable de ce vieux briscard d'Hashton.

LE PROFILAGE

Sous le regard intrigué de Steiner, Hashton imprima les trois profils qui lui semblaient les plus intéressants. Puis il ramassa les trois feuilles dans le bac de l'imprimante et les posa devant lui sur la surface dégagée d'un bureau. La lumière des néons se mit à grésiller, comme pour brouiller l'effort de concentration de l'agent du FBI. Hashton cligna des yeux et redoubla d'attention.

– C'est l'un de ceux-là ? interrogea Steiner avec la touchante naïveté d'un jeune diplômé.

– Je l'ignore, répondit Hasthon sans quitter des yeux les trois fiches. Mais mon instinct me dit que l'un de ces trois hommes est le Tueur à la Cravate. Reste à déterminer lequel.

NOM : MITCHELL
Prénom : Frederik
Âge : 40 ans
Description physique : type caucasien, 1,80 mètre, 90 kilos, porte un tatouage en forme de pyramide franc-maçonique sur l'avant-bras gauche.

Surnom : le Taureau

Adresse : 3445 Sunset Rise Avenue, Washington DC.
Adresse de l'employeur : Meat for all, 4556 Bartholdi Boulevard, Washington DC.

Condamnations : Condamné à trois ans de prison ferme pour tentative de viol avec violence sur la personne de Sarah Mengis, le 17 avril 1999. Condamné à un an de prison ferme pour tentative de viol sur la personne d'Elisabeth Carnegie le 17 juillet 2004.

Observations : Frederik Mitchell est chauffeur-livreur depuis mars 2010 pour le compte d'une boucherie industrielle.

Tout en gardant en mémoire cette première fiche, Hashton entra les noms et prénoms du suspect dans la base de données du FBI. Quelques informations complémentaires s'affichèrent dans une fenêtre au milieu de l'écran.

– Manifestement, Mitchell aime l'ésotérisme, souffle-t-il.

– Oui, je vois qu'il a essayé à plusieurs reprises de se faire coopter par une loge maçonnique, quitte à en menacer certains membres, ajoute Steiner, penché au-dessus des larges épaules de son mentor. Ce qui pourrait expliquer le choix des motifs géométriques sur les cravates, comme des espèces de symboles initiatiques.

Hashton écouta cette théorie avec intérêt puis fixa la seconde fiche.

NOM : O'HARA
Prénom : Patrick
Âge : 39 ans
Description physique : type caucasien, 1,75 mètre, 75 kilos, porte un piercing labial et une boucle d'oreille en forme d'anneaux concentriques.

Surnom : Don Juan

Adresse : 4556 Artemis Foyle Boulevard, Washington DC.
Adresse de l'employeur : Cleaning People, 5667 Aurora Boulevard, Washington DC.

Condamnations : Condamné à trois ans de prison ferme pour exhibitionnisme sur la personne de Karin Trebor le 16 mai 1999.
Condamné à six mois de prison ferme pour attentat à la pudeur sur la personne de Selena Borgen le 13 juillet 2006.
Condamné à huit mois ans de prison ferme pour attentat à la pudeur sur la personne de Ketty Kervokian le 16 mai 2010.

Observations : Patrick O'Hara est agent d'entretien depuis mars 2012 pour le compte d'une société de nettoyage industrielle spécialisée dans la restauration.

Une fois de plus, Hashton consulta la base de données afin de se renseigner plus avant sur ce deuxième suspect.

– O'Hara, s'est vu retirer son permis de conduire à trois reprises pour conduite en état d'ivresse. La dernière fois, c'était début septembre, synthétisa Hashton.

– Il travaille pour une entreprise de sous-traitance qui s'occupe du nettoyage de grandes chaînes de restauration ! s'exclame Steiner.

– Est-ce que cela fait de lui un coupable ? interroge Hashton en s'emparant de la dernière fiche.

NOM : SULLIVAN
Prénom : Pedro
Âge : 38 ans
Description physique : type hispanique, 1,78 mètre, 70 kilos, porte plusieurs bagues aux deux mains.

Surnom : Cascador

Adresse : 459 Steinway Avenue, Washington DC.
Adresse de l'employeur : Laundry service, 11678 Laguerta Boulevard, Washington DC.

Condamnations : Condamné à six ans de prison ferme pour viol sur la personne d'Eleonor Rigby le 16 septembre 1998.
Condamné à dix mois de prison ferme pour attentat à la pudeur sur la personne de Carla Wyo le 13 mars 2005.
Condamné à un de prison ferme pour attentat à la pudeur sur la personne de Shanon Wright le 13 juillet 2008.

Observations : Pedro Sullivan est employé dans un pressing depuis septembre 2013. Il est sous le coup d'une plainte portée par Carla Brunetti qui l'accuse de l'avoir agressée avec l'intention de la violer, la nuit du 13 octobre de cette année près d'un centre commercial situé en centre-ville.

Braqués sur l'écran d'ordinateur, les yeux fatigués d'Hashton décryptent les informations délivrées concernant Pedro Sullivan.

– Il a entammé des études par correspondance pour devenir architecte...

– Bel exemple de réinsertion, l'interrompt Steiner.

– Ou belle preuve de sa culpabilité, rétorque Hashton. Car il a commencé, il y a dix mois, soit exactement quand le premier crime a été commis. Ce qui expliquerait la passion du tueur pour les formes géométriques...

Steiner s'enfonce dans ses pensées. Il fait appel à tout le savoir emmagasiné durant ses années d'études en criminologie. Il sent que son mentor le met à l'épreuve. Qu'il le teste pour voir s'il peut compter sur lui en tant qu'équipier. La pression est grande, aussi Steiner commence par se calmer, afin de retrouver la sérénité nécessaire à la réflexion. Un long silence s'installe entre les deux hommes. Puis soudain, la jeune recrue le rompt et s'exclame :

– Je pense que je sais !

Et vous, avez-vous découvert qui est le serial killer en lisant ces trois analyses profilées ?

NOTES

SOLUTION PAGE 92

UNE FAIM D'OGRE

Les prémisses

Le soleil frappait avec vigueur le toit en tôle ondulée de la petite cabane en bois, isolée au milieu des marécages.
Les alligators, dont on recensait plus d'un million de spécimens dans les parages, semblaient comme paralysés par tant de chaleur. Et les sauriens se tenaient figés dans les canaux des Everglades, tels d'imposants rondins de bois. Katlyn O'Brien essuya la sueur qui perlait à son front à l'aide d'un mouchoir en tissu. Puis, elle avança vers ses collègues qui, protégés par des combinaisons blanches, s'affairaient autour et dans le repaire de l'Ogre de Miami. Un tueur en série anthropophage qui avait tué au moins quinze enfants en trois ans de terreur. Et qui venait de commettre un nouveau crime, ici, au milieu de nulle part. L'agent Katlyn O'Brien du FBI avait repris le dossier des mains d'un de ses collègues, qui s'était suicidé parce qu'il ne parvenait pas à arrêter ce monstre dévoreur d'enfants. Aujourd'hui, elle sentait sur ses épaules musclées tout le fardeau qui était le sien.

- Qu'est-ce qu'on a ? interrogea-t-elle à la volée en ôtant ses lunettes de soleil.
- Les restes d'un garçon, âgé de dix ou onze ans, je dirais, répondit aussitôt Karl Openheim, le médecin légiste. Un tibia, une main, les parties génitales...
- Eh merde ! souffla Katlyn, écœurée.
- Des traces de morsures et les os rongés indiquent que la victime a été dévorée, poursuivit Openheim sur le ton détaché d'un scientifique. La viande a été bouillie dans un tonneau et préparée, ajouta-t-il sans ciller.

Katlyn sentit la nausée l'envahir et tenta de la contenir. Tant d'horreur ne pouvait laisser personne indifférent. À part peut-être le responsable de ces atrocités.

- Des indices ? demanda-t-elle en détournant le regard vers la mangrove environnante où s'ébrouaient des pélicans.
- Un couteau de cuisine.
- C'est maigre, soupira Katlyn.

- La lame est en céramique et selon mon assistant, qui est un fin cordon bleu, il s'agirait d'une marque de professionnel.
- Des empreintes sur le manche ?
- Non, rien, désolé.

Katlyn regarda les pélicans s'envoler, puis retrouva le courage d'affronter la scène de crime. Elle avança jusqu'au seuil de la baraque. À l'intérieur, elle vit immédiatement le tonneau qui avait servi de chaudron pour cuire l'enfant. Katlyn songea à ces histoires de sorcières que son père lui racontait quand elle était petite. Elle réprima un frisson.

- C'est quoi ces bouquins sur l'espèce d'étagère au fond ? demanda-t-elle.
- Des livres de cuisine, expliqua Openheim. Un consacré à la gastronomie japonaise, l'autre à la gastronomie thaïlandaise et le dernier à l'art de préparer les sushis. Tous sont écrits en français... Enfin, je crois...
- Cet enfoiré cuisine ses victimes ? s'étonna Katlyn qui n'avait pas encore compulsé l'intégralité du dossier. Je savais qu'il les mangeait, mais de là à les préparer comme on prépare un plat en sauce... Merde !
- Ce n'est pas la première fois qu'on retrouve des indices le laissant penser, intervint Openheim. Sur plusieurs des membres retrouvés jusqu'ici, les analyses ont permis de détecter des traces d'épices et d'aromates. Et ici, au fond du tonneau, on a retrouvé des feuilles de coriandre, des bâtons de citronnelle et ce qui pourrait s'apparenter à de la pâte de curry.

Katlyn grimaça de dégoût avant de demander :

- Une idée de l'indentité de la victime ?
- À ce stade, non, désolé, s'excusa presque le légiste. Mais selon un des Rangers du parc, les parents d'un enfant de l'âge estimé de la victime ont signalé sa disparition le 15 août à Everglades City, il y a une semaine. Le bourg est situé à cinq miles d'ici.
- Oui, je connais, c'est le point d'entrée touristique dans les Everglades, précisa Katlyn. Beaucoup de passage.
- Ce n'est pas la première que l'Ogre commet ces crimes en pleine nature, souffla le légiste.

- C'est vrai. Les premiers reliefs de ces "festins" ont été retrouvés à Biscayne National Park, les suivants dans une forêt de Big Cypress, puis sur une plage à Canaveral National Seashore, et sur l'Île de Dry Tortugas, au large de Key West.
- L'Ogre est mobile, l'interrompt le légiste.
- Oui, c'est ce qui m'a frappée quand j'ai repris le dossier. Ce tueur bouge énormément dans toute la Floride.
- Un représentant ? Un camionneur ?
- Non, ces métiers ne correspondent pas à son profil d'anthropophage, selon les psy qui bossent avec moi.
- C'est Chronos, soupire le légiste.
- Chronos ?
- Dans la mythologie grecque, Chronos est le roi des Titans. Il a dévoré ses enfants...

Soudain, une rumeur s'éleva au milieu des marécages. Les téléphones portables de tout le personne présent sur les lieux sonnaient ou vibraient en même temps. Celui de Katlyn compris. Elle décrocha.

- Les hommes du shérif d'Everglades City viennent d'arrêter trois chasseurs pour braconnage dans la mangrove, expliqua la voix de son supérieur. Ils étaient en possession d'une photo du gamin disparu.
- Vous pensez que l'un de ces types pourrait être l'Ogre ? demanda Katlyn, incrédule.
- J'en sais foutrement rien, mais l'enquête est au point mort et depuis le suicide de Turner, les médias ne me lâchent pas et le bureau du gouverneur est sur mon cul vingt-quatre heures sur vingt-quatre ! Donc, vous foncez là-bas et vous tirez ça au clair. O.K. ?
- O.K., fit Katlyn en raccrochant et en rangeant son smartphone dans une des poches de son pantalon.
- On dirait que ça bouge ? s'inquiéta le légiste en esquissant un sourire pâle.
- En tout cas, moi, je bouge, lui répondit Katlyn en s'élançant vers son véhicule.

Sur son passage, un alligator qui se reposait sur une berge ouvrit grand la bouche comme s'il voulait avaler la jeune femme. Katlyn y vit un signe...

LE PROFILAGE

La voiture de Katlyn fit une embardée et évita de justesse un raton laveur qui traversait la route rectiligne menant jusqu'à Everglades City. Elle rétablit la direction et soupira, heureuse d'avoir évité le charmant petit animal. Dans l'habitacle, la climatisation atténuait la chaleur du dehors. Elle ne transpirait plus. Bientôt, elle dépassa le panneau de bienvenue et entra dans ce qui ressemblait à une charmante bourgade dédiée aux excursions dans les mangroves. Plusieurs bus étaient garés le long d'embarcadères où attendaient de nombreux bateaux à fond plat, équipés d'une espèce de ventilateur géant à l'arrière. Katlyn n'avait jamais visité les Everglades et elle songea qu'il faudrait y remédier rapidement.

Son véhicule s'immobilisa devant un bâtiment blanc de plain-pied et dont le toit plat débordait sur une façade percée de deux fenêtres à barreaux. “On nage en plein western”, songea la jeune femme en s'extirpant de son siège. La moiteur lui tomba dessus sans prévenir et elle se remit à transpirer immédiatement. Une fois le seuil franchi, elle retrouva une relative fraîcheur et s'en félicita. Derrière une banque d'accueil d'un autre âge, le shérif l'attendait, encadré par deux de ses adjoints.

– Shérif Tyler, se présenta-t-il. Vous êtes la personne du FBI qu'on attend ?
– Agent O'Brien, répondit Katlyn. Où sont les trois suspects ?
– Bien au chaud, répondit le shérif en esquissant un sourire. Y' a pas la clim dans la cellule...
– Vous les avez identifiés ?
– Ce sont des inconnus, ici. On a récupéré leurs papiers d'identité.

Le shérif déposa trois cartes sur le comptoir. Katlyn s'en empara aussitôt. Et décrypta la première, un permis de conduire.

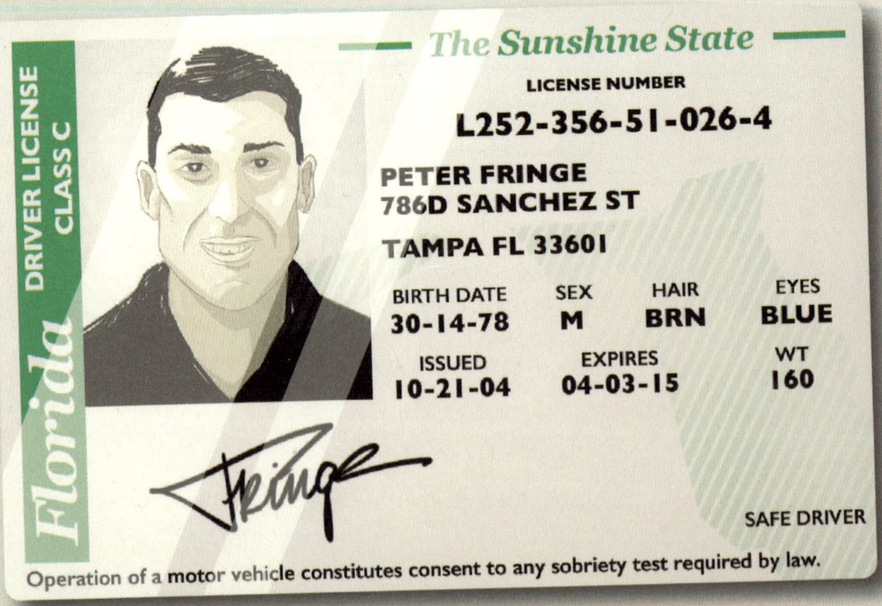

– C’est dans le portefeuille de ce type qu’on a retrouvé la photo du gamin disparu, précisa le sherif. Il prétend qu’il ne le connaît pas et qu’il ne sait pas ce que faisait ce cliché dans ses affaires. Tu parles ! C’est lui le salopard qui a enlevé le petit Robertson...

Katlyn n’écouta pas la suite et consulta la seconde pièce d’identité.

– Celui-ci, c'est un Ranger, il n'a rien à se reprocher, soupira le sherif comme s'il s'était déjà forgé son opinion sur le coupable. Si ce n'est d'avoir participé à un éventuel braconnage... De toute façon, un type qui sent aussi mauvais ne peut être soupçonné de quoi que ce soit...

– Qui sent aussi mauvais ? Comment ça ? s'étonna Katlyn.

– Ce mec exhalait une forte odeur de punaise, vous voyez ?

Katlyn secoua négativement la tête et attrapa la dernière pièce d'identité.

– Laissez tomber celui-là, c'est un simple d'esprit ! s'exclama le shérif.
– Pourquoi donc ? demande Katlyn.
– Quand on lui a demandé ce qu'il fichait dans la mangrove avec un fusil de chasse, il nous a répondu que c'était pour se protéger des alligators !

Les deux collègues du shérif éclatèrent de rire.

– Et donc ? s'étonna Katlyn, sans comprendre ce qu'il pouvait bien y avoir de drôle dans cette réplique.
– Les alligators vivent en eau douce, pas dans l'eau saumâtre de la mangrove, pardi ! Faut être de la ville pour ne pas savoir ça !

Katlyn balança la tête d'avant en arrière et se massa la nuque mouillée de sueur. Puis elle reposa consciensieusement les pièces d'identité sur le comptoir. Dans une cellule, non loin d'où elle se tenait, étaient emprisonnés trois hommes. Et l'un d'eux, elle en était désormais certaine, était cet Ogre que le FBI recherchait depuis si longtemps, sans succès. Le visage de Katlyn rayonna dans la pénombre entretenue. Elle connaissait maintenant l'identité de ce tueur cannibale.

Et vous, avez-vous découvert qui est le serial killer en lisant attentivement ces trois pièces d'identité ?

NOTES

SOLUTION PAGE 93

Date

LE SUIVANT SUR LA LISTE

Les prémisses

3 avril 2015

Une forêt d'émeraude d'un côté, la civilisation de l'autre. Majestueux et imposant, le fleuve faisait office de frontière entre deux mondes. Il coupait ici l'univers en deux parts inégales, l'une s'amoindrissant d'année en année au profit de l'autre, conquérante et sans limites. Margareta Iglesia avançait lentement sur une berge boueuse, en prenant soin de ne pas glisser. Officier de la police brésilienne, elle s'était récemment illustrée au cours de nombreuses et spectaculaires arrestations. À la suite desquelles, plusieurs barons appartenant aux principaux cartels régionaux de la drogue avaient été jugés et jetés en prison.

Aujourd'hui, c'était une autre affaire qui l'attendait quelque part sur la rive ouest de l'Amazone, non loin de la ville de Manaus. Une affaire qu'elle aurait bien laissée à un collègue...

La silhouette de Margareta s'immobilisa soudain face à une petite plage battue par des vagues d'eau limoneuse.

Elle y trouva un cadavre échoué comme le lui avait dit par téléphone le meurtrier.

Depuis trois mois, ce dernier appelait des policiers de Manaus pour les prévenir qu'il venait de tuer quelqu'un et leur indiquer où se trouvait le cadavre. C'était elle qu'il avait appelée aujourd'hui. Bien entendu, ses appels étaient impossibles à tracer. Ce tueur en série qui en était déjà à son dixième meurtre était suffisamment intelligent pour brouiller les communications.

Margareta Iglesia enjamba des troncs de bois flotté et descendit jusqu'à la grève de sable foncé. Elle s'approcha lentement du corps qui gisait sur le dos, en prenant soin de ne pas piétiner la scène de crime. Le moindre indice pouvait permettre d'arrêter ce cycle infernal enclenché par un cerveau monstrueux. Autour du cadavre, elle ne distingua rien que des résidus plastique et des morceaux de filets de pêche. L'une de ses mailles arrachées vraisemblablement à cause d'un tros gros poisson reposait près de la tête de la victime. Margareta se souvint que tous les cadavres avaient été retrouvés près du fleuve et qu'au moins deux d'entre eux avaient un morceau de filet sur le visage. La morte — il s'agissait d'une femme d'une soixantaine d'années — avait sans aucun doute séjourné longtemps dans l'eau. Son visage était boursouflé et des morceaux de chair manquaient à ses bras et ses jambes nus. "Sans doute l'œuvre des piranhas", songea Margareta. Elle s'approcha encore un peu plus et buta sur un bracelet en or, simple et sans aucun enjolivement. Pareils à ceux qui avaient été découverts sur les autres scènes de crimes. Ces bracelets appartenaient-ils aux victimes, ou le tueur de l'Amazone les leur avait-il offerts avant de les tuer en les noyant ? À ce stade, le cerveau de Margareta était bien incapable de formuler une réponse. Et ne pouvait guère qu'enregistrer les informations relatives à cette scène de crime et les ranger dans le bon compartimenent mental.

Margareta se pencha sur le cadavre de la malheureuse. Ses vêtements étaient trempés et indiquaient qu'elle ne venait pas de la ville. Mais plutôt d'un village. Comme les autres... Le tueur ne sélectionnait donc pas ses proies en milieu urbain. Pourquoi les noyait-il ? Et comment pouvait-il savoir où s'échoueraient ses victimes ? Les courants étaient forts et imprévisibles sur le fleuve.
Soudain, Margareta remarqua un petit morceau de papier mouillé coincé dans la main de la morte. Elle se saisit d'un stylo qui traînait au fond d'une de ses poches et à l'aide de celui-ci, elle écarta précautionneusement les doigts qui enserraient le carré de carton trempé. Il s'agissait d'une carte de visite. L'écriture délavée était difficilement déchiffrable. Margareta tenta tout de même de lire ce qu'il restait d'imprimé.

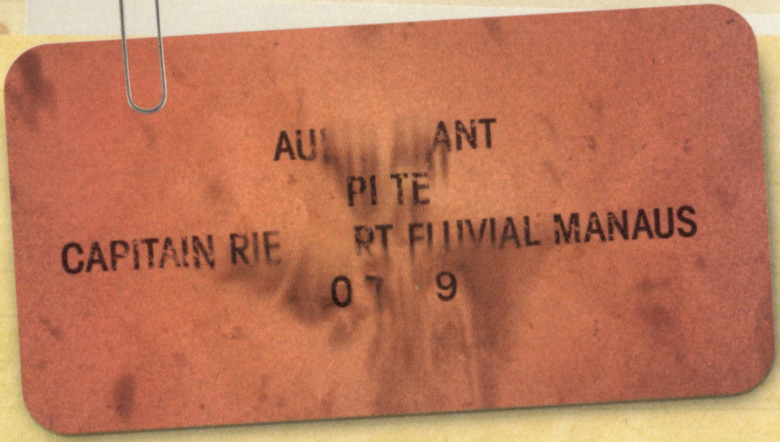

- Capitainerie du port fluvial de Manaus, susurra-t-elle en se demandant si elle tenait un début de piste, ou si cette carte n'avait rien à voir avec le tueur en série. AUL ANT, AUL ANT, AUL ANT, répéta-t-elle comme une incantation.

Un nom et un prénom reliés à la capitainerie du port fluvial, voilà ce qui se cachait derrière ces lettres cryptées par les eaux du fleuve. Peut-être qu'en analysant le listing du personnel de la capitainerie, elle trouverait à qui appartenait cette carte de visite ? Peut-être que le tueur de l'Amazone venait de commettre sa première erreur ? Et ces trois chiffres quasi illisibles ? S'agissait-il d'un numéro de téléphone ? Eux aussi pouvaient aider à retrouver le responsable de toutes ces horreurs.

Perché sur une branche, un perroquet cria soudain et s'envola dans un sillage multicolore. Margareta regarda le volatile raser les eaux rapides avec grâce, puis disparaitre dans la canopée qui lui faisait face. De l'autre côté du fleuve, la jungle renvoya aussitôt une rumeur inquiétante dont l'écho poursuivit Margareta jusque dans sa voiture, garée à une centaine de mètres. Dans l'habitacle, elle restaura son calme et appela son supérieur pour lui confirmer la présence du cadavre. Puis, elle démarra en trombe et quitta la zone, avec la ferme intention de trouver un début de piste.

LE PROFILAGE

L'endroit était mal éclairé et la secrétaire qui l'avait accueillie, peu sympathique, n'avait rien fait pour améliorer les choses. Margareta cligna plusieurs fois des paupières, cherchant à retrouver le plus d'acuité possible. Introduite dans un petit bureau de la capitainerie du port fluvial de Manaus elle compulsait, assise devant une table, le registre du personnel. Son index descendait lentement le long d'une colonne interminable de noms et de prénoms.

DU PERSONNEL

NOM ET PRÉNOM	ADRESSE	N° SECURITÉ SOCIALE
Maria Antunes		
Pedro Lobos		
Carmina Guerilla		
Placido Los Pablos		
Guillermo Vilas		
Carmen San Diego		
Raul Antares		
Claudio Ragines		
Paulo De La Vega		
Paul Guirantes		
Esteban De Los Lobos		
Tao Rodriguez		
Saul Pelantos		
Gabriella Selecatos		
Zia Dos Christos		

Margareta souligna quelques noms et prénoms parmi cette liste. Les trois retenus contenaient les lettres imprimées sur la carte de visite retrouvée dans la main de la dernière victime : « aul ant ». Ensuite, elle s'enquit des fonctions de ces trois personnes. Pour ce faire, elle accéda à la base de données de la capitainerie grâce aux codes qu'on lui avait confiés. Une fenêtre s'afficha sur l'écran. Margareta lut attentivement les informations. En l'espèce, des observations émanant de la direction des ressources humaines de la capitainerie.

PAUL GUIRANTES
Date d'embauche : 12 févier 2015
Poste occupé : Responsable service informatique
Travaille pour le déploiement du nouveau serveur d'informations de la capitainerie. Son double cursus d'ingénieur en informatique et en télécommunications a permis à la DRH de lui confier la refonte du standard téléphonique de la capitainerie.
Numéro de téléphone portable : 0788-7999

Margareta se redressa, se calant le mieux possible contre le dossier raide de la chaise sur laquelle elle était assise. Puis, elle cliqua sur un menu déroulant pour faire apparaître la fenêtre de son deuxième suspect.

RAUL ANTARES
Date d'embauche : 1er janvier 2014
Poste occupé : Responsable radar
Travaille pour la station-radar du port fluvial de Manaus. Il nous a été recommandé par la société de pêche industrielle : Amazon Fisksouth. Raul Antares est surdiplômé pour ce poste, mais il a insisté lors de l'embauche, prétextant que ce travail le rapprochait de sa mère malade d'un cancer.
Numéro de téléphone portable : 0788-0179

Margareta nota que les deux numéros de téléphones portables des deux premiers suspects contenaient les chiffres encore imprimés sur la carte de visite trouvée dans la main de la victime : 0, 7 et 9.

Elle qui comptait sur ces derniers pour l'aider à identifier le tueur de l'Amazone, c'était raté ! Elle soupira et cliqua sur le dernier de sa sélection.

SAUL PELANTOS
Date d'embauche : 1er janvier 2015
Poste occupé : Pilote maritime
Travaille pour la station de pilotage de Manaus et possède des licences pour plusieurs ports et plusieurs voies fluviales. Il est également le directeur de Ouroboros, l'association des anciens pêcheurs professionnels de Manaus.
Observation : Saul Pelantos a beaucoup de mal à établir un rapport serein avec sa hiérarchie, notamment les cadres les plus âgés.
Numéro de téléphone portable : 0758-3339

Là encore, les numéros 0, 7 et 9 étaient présents et ne lui permettraient donc pas d'identitifier le meilleur suspect. Mais Margareta n'avait pas besoin de ces numéros, un détail trahissait celui qui voulait dissimuler sa monstruosité sous des traits de normalité, et à qui sa dernière victime avait arraché dans un ultime geste de désespoir la preuve de sa culpabilité.

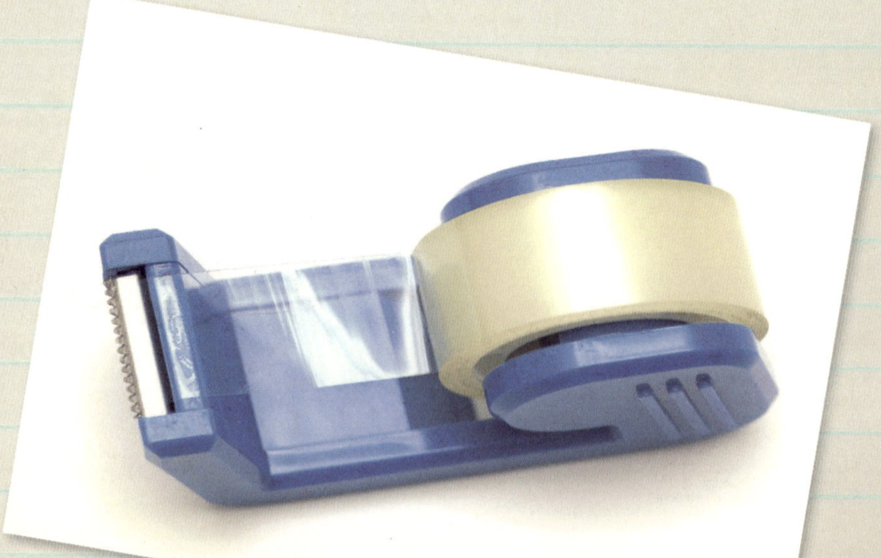

NOTES

Et vous, avez-vous découvert qui est le serial killer en lisant attentivement ces trois notes de la DRH ?

SOLUTION PAGE 94

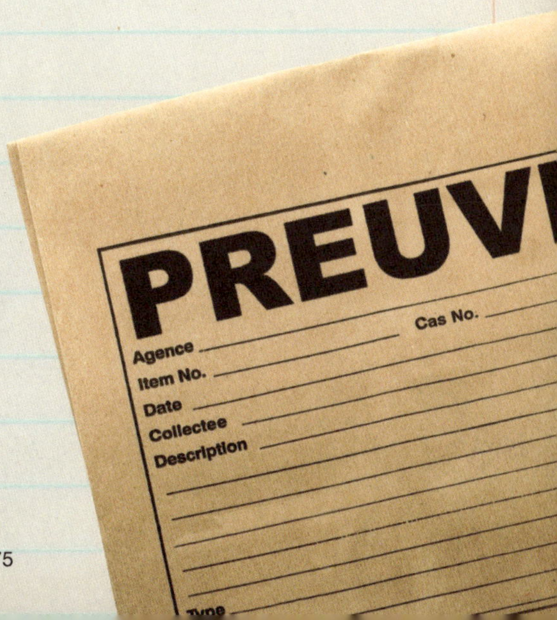

ALLO, DOCTEUR ?

Les prémisses

Août 1946
Jacques Letourneur obliqua vers une petite impasse qui pénétrait profondément entre deux immeubles haussmanniens. Son pas était rapide. Il n'avait pas pris le temps de petit-déjeuner pour répondre à cet appel urgent, qui l'avait quasiment sorti du lit. Et son ventre commençait à le lui faire regretter. Entre deux gargouillis, il vérifia les numéros au-dessus des porches et s'immobilisa devant le 34. Il poussa la lourde porte et pénétra dans un long couloir mal éclairé, qu'il traversa jusqu'à aboutir à une cour circulaire, au milieu de laquelle se profilait un minuscule jardin. Letourneur se remémora la lettre du bâtiment – le B – et l'étage – le 7e – puis il emprunta un escalier, rageant que l'ascenseur soit en panne. Mais dans cet après-guerre tourmenté, les plaintes n'étaient pas de mise.
Il arriva essoufflé sur un palier, et il sonna à la seule porte qui s'offrait à son regard. Un homme, l'air grave, lui ouvrit et lui fit signe d'entrer.

– Merci d'être venu si vite, docteur, souffla son hôte avec une inflexion amicale dans la voix.
– Cela avait l'air d'être important, inspecteur, répondit Letourneur sur le même ton.

L'inspecteur Raoul Cotard acquiesça d'un bref hochement de tête.

– Suis-moi, fit-il.

Les deux hommes parvinrent rapidement dans un salon cossu où s'affairaient deux autres policiers. Au milieu de la pièce, sur un tapis, reposait un cadavre coupé en deux, en partie dissimulé par une couverture.

– Je ne suis pas légiste ! protesta Letourneur. Combien de fois faudra-t-il te le dire ?
– Je sais, mais tu es intelligent, rétorqua l'inspecteur Cotard. Et face à ce double crime, j'ai besoin de tes neurones !
– Je ne vois qu'un corps, protesta le médecin.
– Il y en a pourtant deux.
– Peux-tu être plus clair, Cotard ?
– Le haut est celui de la propriétaire de l'appartement, Mme Raymonde Poulivert-Adamsberg. Quant au bas, ma foi, ce n'est pas celui d'une femme et j'ignore à qui il appartient...

- Encore ? s'exclama Letourneur.
- Oui, c'est le troisième cas et cette fois, il ne fait plus aucun doute que nous sommes face à un meurtrier en série qui tue des femmes d'origine allemande. Et des hommes inconnus...

Letourneur grimaça. Cette affaire ne lui disait rien qui vaille. Elle l'inquiétait au plus haut point même. Seul un cerveau démoniaque pouvait avoir conçu un tel mode opératoire. Néanmoins, il avait à cœur d'aider son ami inspecteur à arrêter le monstre responsable de ces abominations. Il s'approcha des deux morceaux humains rapprochés par un effrayant geste contre nature et s'accroupit.

- C'est tranché net, souffla-t-il. Comme les deux autres... Les victimes ont été intégralement vidées de leur sang, avant d'être sectionnées en deux parties. Il est peu probable que le meurtrier ait utilisé une scie, car je ne distingue aucune trace d'abrasion des chairs... Seule une lame parfaitement aiguisée peut causer pareille blessure... Le tronc appartient indéniablement à une femme. La partie basse est masculine, c'est sûr.
- Et la blessure à la tête ? s'inquiéta l'inspecteur Cotard.
- Un orifice d'entrée d'une blessure par arme à feu siégeant au niveau de l'hémiface gauche, mesurant environ un demi-centimètre de diamètre, commenta Letourneur, avant de s'inquiéter de l'arrière de la tête de la victime.

Il compléta :

- Large orifice de sortie du projectile d'arme à feu siégeant au niveau de la région occipitale, avec fracas osseux complexe et perte importante de la substance cérébrale.
- C'est ce qui l'a tué ? demanda l'inspecteur.
- Non, curieusement cette blessure par balle est post-mortem, rétorqua Letourneur, tout en remarquant quelque chose qui dépassait de la bouche de la victime.

Il demanda des gants, les enfila et extirpa un morceau de matière d'entre les lèvres du cadavre.

- Qu'est-ce que c'est ? interrogea l'inspecteur Cotard, surpris.
- On dirait un copeau, répondit Letourneur en examinant sa trouvaille. Qui ressemble à un trèfle à quatre feuilles et...
- Eh bien, il ne lui a pas porté chance ! l'interrompit Cotard.
- Avez-vous remarqué la terre calcaire qui a adhéré aux semelles du propriétaire de la partie basse ? demanda Letourneur en déplaçant son regard.

- Oui, vaguement. Mais ça ne va pas nous éclairer quant à l'identité du tueur.
- C'est un détail, certes, mais tout détail a son importance.
- Tu as tout à fait raison, confirma l'inspecteur Cotard.
- Tout comme cette liste de courses qui dépasse de la poche de ce chemisier, ajouta Letourneur en attrapant le morceau de papier et en le dépliant.
- Une liste quasi identique à celles retrouvées sur les précédentes victimes, murmura l'inspecteur Cotard avant de les citer de mémoire. Trois kilos de filet mignon, une livre de carottes, un kilo de pommes de terre, deux kilos de champignons de Paris, un bouquet garni, pour les deux premières victimes. Deux kilos de sauté de veau, un kilo de carottes, deux kilos de pommes de terre, un kilo de champignons de Paris, persil pour les suivantes...

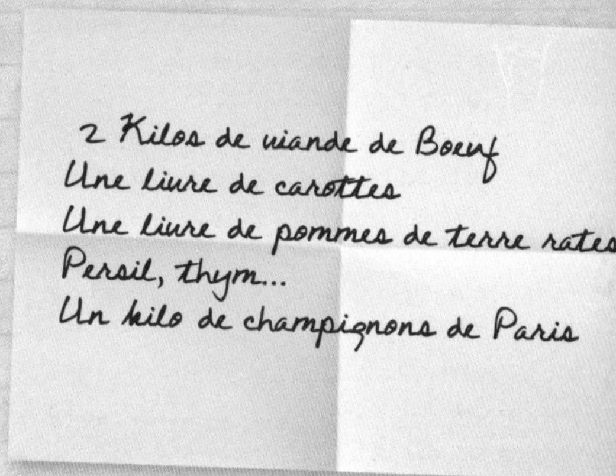

Soudain un fort brouhaha s'éleva de la cage d'escalier. L'inspecteur Cotard s'élança en direction de ces éclats de voix qui venaient de vriller la quiétude de l'immeuble. Le docteur Letourneur lui emboîta le pas. Les deux hommes débouchèrent sur le palier où des gendarmes patientaient, encadrant deux hommes à la mine déconfite.
- On a trouvé celui-là en train de laver un couteau plein de sang dans la cave, expliqua un officier de gendarmerie.
- Je n'ai rien fait ! hurla l'intéressé.
- Et l'autre était en train de planquer des bijoux dans une boîte alors qu'on interrogeait sa femme, dans l'appartement du dessous.
- Je ne suis pas un tueur ! s'exclama l'accusé.
- Ah oui ? Et le pendentif avec la photo de Mme Raymonde Poulivert-Adamsberg dedans, tu l'as trouvé où ?
- Elle me l'a donné, rétorqua l'homme.

L'inspecteur Cotard regarda les deux suspects, l'air grave.
- Emmenez-moi ça au poste ! finit-il par ordonner.

LE PROFILAGE

L'inspecteur Cotard était assis devant son bureau, encombré de paperasses. À ses côtés, debout, se tenait le docteur Letourneur, qui rédigeait son rapport médical en s'appuyant sur un meuble à tiroirs. Il détestait rédiger assis, prétendant que celui lui coupait l'inspiration. Un épais silence s'était installé dans la pièce, reflet de la gravité de la situation. Les deux hommes savaient qu'ils avaient potentiellement arrêté le tueur qui s'amusait à découper en deux ces victimes. Mais ce qu'ils ignoraient encore, c'était comment découvrir lequel.

– Deux suspects, souffla Cotard en posant une main sur chacun d'eux.
– Deux possibilités, compléta Letourneur.

Cotard étala les quelques feuillets devant lui.

Samuel Blumenfeld
44 ans
Né à Jouy-en-Josas
Marié à Claudette Perigot
Domicile : avenue du Général-de-Gaulle, 78360 Montesson
Niveau scolaire : certificat d'études
Profession : agriculteur
Casier judiciaire : vierge

Observations : Samuel Blumenfeld et son épouse ont été plusieurs fois agressés pour des motifs antisémites et ont porté plainte pour coups et blessures à deux reprises. Suite à cette agression, M. Blumenfeld a acheté un revolver de gros calibre, qui pourrait avoir servi à infliger la blessure post-mortem.

Remarques : À quelques kilomètres de la Petite Couronne parisienne, M. Samuel Blumenfeld dirige une entreprise spécialisée dans une production traditionnelle de champignons de Paris ou champignons de couche. Il possède une champignongnière aménagée dans une carrière.

EXTRAIT D'ANALYSE DU TERRAIN DE LA CARRIÈRE :

La terre retrouvée sur les chaussures de l'une des victimes contient le même type de calcaire que celui observable dans la champignongnière de M. Blumenfeld.

Paul Martenaud
49 ans
Né à Paris
Marié à Aude Renonciat
Domicile : 34, impasse Boileau, 75007 Paris
Profession : charpentier
Niveau scolaire : a quitté l'école à l'âge de treize ans.
Casier judiciaire : une condamnation à deux ans de prison ferme pour coups et blessures à l'aide d'une arme blanche.

Observations : Paul Martenaud est charpentier. Il travaille à Rungis pour le compte d'une société artisanale répondant à l'enseigne Fritz et fils.

Remarques : Le pendentif retrouvé chez Paul Martenaud était bien la propriété de la défunte Mme Raymonde Poulivert-Adamsberg.
Une reconnaissance de don a été retrouvée au domicile de la victime.

L'inspecteur Cotard s'empare de ce document.
Une simple feuille avec une mention manuscrite.

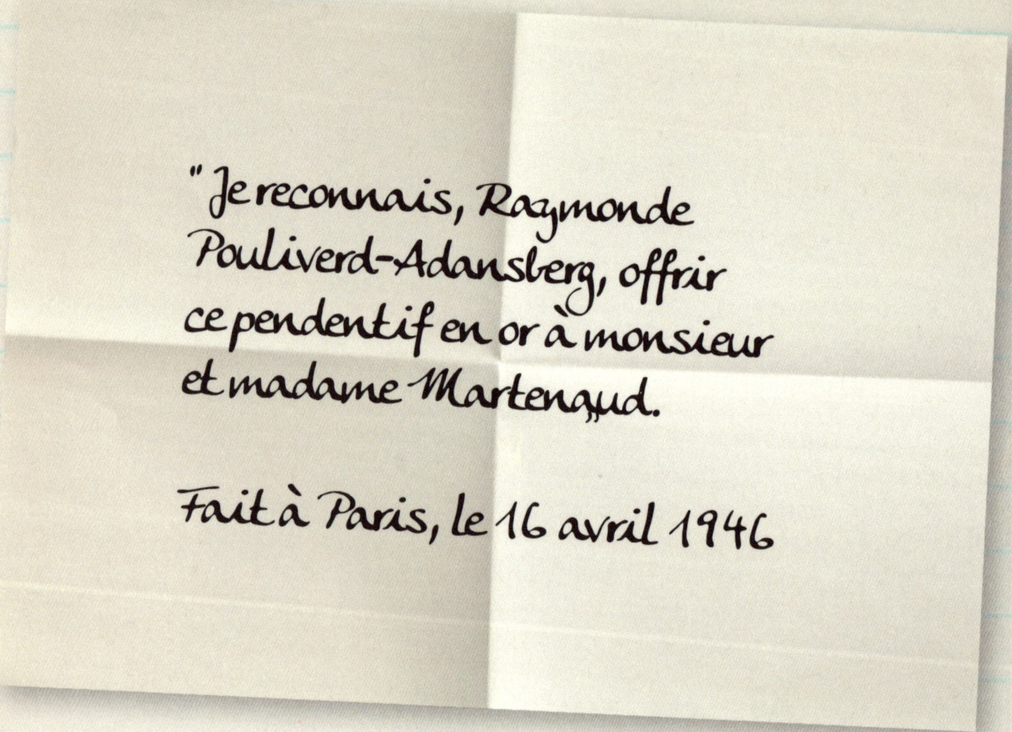
" Je reconnais, Raymonde Pouliverd-Adansberg, offrir ce pendentif en or à monsieur et madame Martenaud.

Fait à Paris, le 16 avril 1946

– Il me paraît clair que celui des deux qui est le coupable l'est de façon évidente ! s'exclama soudain le docteur Letourneur.
– Il me semble également, confirma aussitôt l'inspecteur.

Et vous, avez-vous découvert qui est le serial killer en lisant attentivement les extraits de ces deux dossiers ?

NOTES

SOLUTION PAGE 95

SOLUTIONS
AFFAIRES CLASSÉES

LA DERNIÈRE CARTE

Mark Rivera ne peut pas être le serial killer recherché. En effet, même si son profil fait de lui le suspect idéal, il était sur le sol irakien quand le premier crime a été commis, en pleine offensive des « 100 heures ». En février 1991... Quant à John Parish, son casier judiciaire chargé montre le caractère chaotique et non organisé d'un homme qui ne recherchait pas la discrétion, laissant supposer qu'il ne peut être ce serial killer méticuleux et ordonné. Reste donc Francis Black, né dans une des capitales américaines du jeu. Diplômé d'architecture, ce qui expliquerait son obsession de la symétrie. Formé à West Point et instructeur, ce qui éclairerait l'aspect martial des scènes de crime. Enfin, le lieutenant Black a changé plusieurs fois de base. Il suffira à Corelli de vérifier les situations géographiques de celles-ci pour s'apercevoir qu'elles se trouvent toutes dans la région où ont eu lieu les crimes. Enfin son surnom « Quinte Flush » renvoie aux cartes trouvées sur ses dernières victimes : neuf, huit, sept, six et cinq de cœur.

L'ASSASSIN DU JEU DE CARTES

En 2003, Alfredo Galan se livre à la police ibérique. Cet ancien caporal de l'armée espagnole, âgé de 26 ans, confesse être le célèbre « assassin du jeu de cartes », l'homme le plus recherché du pays. Et s'accuse rapidement de six homicides commis par balles entre le 24 janvier et le 18 mars 2003 à Madrid et dans sa périphérie. La liste de ses victimes, choisies au hasard, est hétéroclite : un concierge de 50 ans, un employé de l'aéroport de Barajas, un couple de Roumains... Il avait placé des cartes à jouer d'une même couleur (les « copas » : les coupes) près de quatre victimes tuées à l'aide d'un Tokarev de calibre 7,62, une arme achetée en Bosnie pour quatre cents dollars. La présence de ces cartes, marquées d'un point bleu sur leur verso, a convaincu les enquêteurs qu'ils avaient affaire à un tueur en série. Orphelin de mère, renvoyé de l'armée pour troubles psychologiques, le casier judiciaire d'Alfredo Galan était vierge, à l'exception d'une arrestation pour conduite en état d'ivresse en 2001. Il était perçu par ses voisins comme une personne tranquille. En signant, lorsqu'il avait le temps, ses crimes avec des cartes, Alfredo Galan voulait instaurer un jeu macabre avec les policiers. Lassé par l'inefficacité des forces de l'ordre, il s'est rendu et a été condamné à 142 ans et trois mois de prison.

DEVINE QUI VIENT DÎNER...

Justin Blain ne peut pas être le serial killer recherché. En effet, même si son profil fait de lui le suspect idéal, il est tellement nerveux qu'il serait absolument incapable de découper « proprement » ses victimes. Quant à William Check, il est psychologiquement et émotionnellement beaucoup trop fragile pour être un assassin aussi monstrueux et froid que le Cannibale du New Jersey. De plus, il ne possède pas de permis de conduire, ce qui lui complique considérablement la tâche pour enlever ses éventuelles victimes. Reste donc Charles Jackson, envoyé à Irina Fletcher par un collègue de Newark, ville dans la région de laquelle les trois derniers cadavres ont été découverts. De plus, Charles Jackson est tailleur, ce qui laisse penser qu'il possède l'art de la découpe et peut se procurer le matériel nécessaire à cette opération. Enfin, son niveau d'empathie est quasi inexistant, ce qui caractérise un serial killer. L'agent Lionel Cox a donc de fortes chances de tenir le bon coupable s'il arrête Charles Jackson. Ce dernier, archétype des classes aisées de l'Amérique blanche, a certainement développé une forme de racisme liée à un trauma qui le conduit à assassiner des Afros-Américains.

LE CANNIBALE DE MILWAUKEE

Né le 21 mai 1960 à Milwaukee, dans le Wisconsin, Jeffrey Lionel Dahmer a eu une enfance agitée. La mère de Dahmer est névrosée. Son père, un pharmacien, travaillait énormément pour ne pas avoir à « gérer » sa femme. Tous deux ne s'occupaient pas beaucoup de leur fils. Alors celui-ci jouait avec des « amis imaginaires » et terrifiait ses camarades d'école par son comportement étrange : il dépeçait des animaux. Adulte, il a décidé d'expérimenter ses pulsions morbides sur des êtres humains. Entre 1960 et 1994, Dahmer a violé, assassiné et démembré dix-sept jeunes hommes. Nécrophile et cannibale, il s'est attaqué à des sans-abris, homosexuels, noirs ou asiatiques. Des victimes que la police ne jugeait pas assez importantes pour s'occuper de leur disparition. Dahmer découpait les corps en morceaux, les jetait dans de l'acide, les mangeait, ou les gardait dans son frigo, voire en décorait sa cheminée... Lors de son jugement en février 1992, sa froideur absolue a marqué profondément les esprits. Condamné à la prison à perpétuité, il est mort en prison le 28 novembre 1994, le crâne fracassé par un coup de barre centrale d'haltères. Dahmer a vu plusieurs psychiatres, aucun de ces médecins n'a déclaré qu'il était fou ou psychopathe. Selon leur expertise, il était un jeune homme pessimiste, déprimé, solitaire, menteur, impulsif et dangereux.

LE RIRE DU CLOWN

Rien n'empêche le père d'une victime d'être son meurtrier, les statistiques le prouvent souvent. En l'espèce, Frederick Miller ne peut pourtant pas avoir enlevé son fils puisqu'il travaille à Las Vegas depuis lundi midi. Et que Ben a été vu à la sortie de l'école en fin de journée. De plus, rien ne prouve sa présence à Malibu, durant la période où ont été enlevés deux autres enfants. S'agissant de William Agrestic, son profil peut laisser penser qu'il est le coupable idéal. Cependant, condamné une fois pour exhibitionnisme à la sortie d'une école primaire, il lui a certainement été interdit d'approcher de tels lieux par décision de justice. Il prendrait donc un risque important en enlevant un enfant devant un établissement scolaire. De plus, il n'est pas prouvé qu'il ait été présent à Las Vegas durant l'enlèvement des deux victimes de cette zone. Quant à August Bent, malgré son profil de « héros » du quotidien, il est bien le suspect offrant le plus d'aspérité dans son dossier. Il est le père de sept enfants. Sept enfants avec Ben ont été enlevés. Il dirige une entreprise de peinture en bâtiment, et a donc accès à des pigments spéciaux. Peut-être ceux utilisés pour peindre les boules de cotillons fluorescentes qui ont étonné Laetita. Enfin, il était présent à Malibu et à Las Vegas et habite Pasadena. Il était donc présent sur les trois zones où ont été enlevés les enfants. Laetitia n'a pas beaucoup de temps pour s'assurer de sa culpabilité, mais gageons qu'elle réussira à retrouver Ben vivant.

LE CLOWN TUEUR

John Wayne Gacy Junior a assassiné, torturé et violé trente-trois adolescents entre 1972 et 1978. Et dormait paisiblement au-dessus de leurs cadavres. Gacy Junior est le premier fils de Marian Elaine Robinson et de John Gacy Senior. Il est né en 1942 à Chicago. A onze ans, un accident provoque un caillot sanguin dans son cerveau. Qui ne sera découvert que cinq ans plus tard. À neuf ans, il est violé par un voisin, mais il n'ose pas dénoncer celui qui est un ami de la famille. Devenu père d'un garçon et d'une fille, John Gacy est accusé en 1968 de tentative de viol sur ses employés adolescents. Le 7 novembre 1968, après avoir plaidé coupable des charges qui pèsent contre lui, il est condamné à dix ans de prison. Il est mis en libération conditionnelle après dix-huit mois d'incarcération pour bonne conduite. Il divorce en 1969 et revient à Chicago où il s'installe chez sa mère et devient cuisinier dans un restaurant. Le premier juin 1972, il se remarie à Carole Hoff.

Peu de temps après, il fonde une société de construction, PDM Contractors, et agresse trois de ses jeunes employés. C'est à cette époque qu'il porte le costume de « Pogo le clown » pour collecter des fonds pour le parti démocrate ou pour divertir les enfants malades de l'hôpital local. En prison, Gacy peint des portraits de clowns et des personnages de Walt Disney qu'il fait exposer dans des galeries d'art ou vendre aux enchères. Il échoue à plaider la folie lors de son procès et il est condamné à la peine capitale. Il est exécuté par injection létale le 10 mai 1994.

MÉTRO, BOULOT, CRIMINO

Christophe Perulo et son bras atrophié n'est pas le meilleur suspect dans cette affaire. En effet, le tueur doit agir vite et être en pleine possession de ses moyens pour commettre ses crimes. Malgré son profil plus en rapport avec l'affaire qui nous occupe, Charles Hautain ne peut pas plus être le coupable recherché. Il porte des lunettes et manifestement, la dernière victime s'est défendue avec force. Les montures auraient forcément chuté dans la lutte et les verres se seraient brisés. De plus, sa trachéotomie suite à une opération liée à un cancer de la gorge n'en fait certainement pas le fumeur du paquet de cigarettes retrouvé sur les lieux du dernier crime. En revanche, Roland Lacourbe présente une particularité intéressante. Il habite rue Miguel-Hidalgo, près de la station Danube. L'une des seules de la ligne 7bis, près de laquelle aucun cadavre n'a été retrouvé. Il présente également un physique en rapport avec la violence et la rapidité mise en œuvre dans cette série de crimes.

LE TUEUR DE L'EST PARISIEN

Guy Georges est un tueur en série français impliqué dans vingt affaires criminelles dont sept meurtres durant les années 1990. L'affaire du « Tueur de l'Est parisien » a contribué à instaurer le principe du fichage ADN en France.
Né en 1962, Guy Georges est confié peu après sa naissance à la Ddass et placé dans une famille d'accueil, près d'Angers. À dix ans, il vole son premier couteau. Braconnier en herbe, il fabrique des pièges et guette parfois plusieurs heures ses proies, caché dans les bois.
Il coupe la tête des poules d'eau et dépèce méthodiquement les lièvres. C'est à cette époque qu'il se fait surnommer « Jo l'Indien ». Face aux psychiatres, Guy Georges a reconnu la similitude entre ces scènes de chasse à l'affût et les traques de ses proies dans les rues de Paris : Pascale Escarfail, Catherine Rocher... Toujours choisies jeunes, jolies et actives. Son rituel est immuable : après avoir suivi ses victimes jusqu'au seuil de leur appartement, il surgit, muni de son Opinel, les bâillonne avec du sparadrap, tranche leur soutien-gorge et leur culotte avec son couteau, les viole, puis leur ouvre la gorge. Il vole quelques objets faciles à revendre, puis disparaît dans la nuit. Guy Georges est interpellé le 26 mars 1998, non loin de la station de métro Blanche dans le IXe arrondissement de Paris. Le 5 avril 2001, il est condamné à la réclusion criminelle à perpétuité assortie d'une période de sûreté de vingt-deux ans.

SUR LA ROUTE

Il serait tentant d'accuser Yan Lebondroit, tant les indices concourent à faire de lui un coupable idéal. Mais ce serait aller vite en besogne. Yan Lebondroit est boiteux et non seulement il lui serait difficile d'effectuer un périple meurtrier à travers la France, mais en plus les empreintes de ses pas devraient être d'une profondeur irrégulière, puisqu'il appuie plus sur une jambe que sur l'autre. Ce qui n'est pas le cas sur la scène de crime. Le profil d'Arthur Reverdon est tout aussi séduisant et pourrait laisser croire qu'il est le tueur en série recherché, mais si son énucléation ne l'empêche en rien d'être le Routard, en revanche sa phobie des objets marins est si puissante qu'il lui est absolument impossible de manier de la corde de marine pour entraver ses victimes. Il faut donc chercher du côté de Jean-Claude Asturi, qui porte une cicatrice à la gorge marquant un trauma qui pourrait être en relation avec le mobile du tueur en série, un égorgeur. De plus, lors de son internement, il portait des bottes de marque Eagle Star. Une marque dont le logo est certainement une étoile. Une étoile comme celle qui a imprimé le sol sur la scène de crime...

LE ROUTARD DU CRIME

Francis Heaulme est né le 25 février 1959 à Metz. Un père alcoolique, une mère battue, son enfance est difficile. Adulte, Heaulme traverse plus de trente-sept départements, en stop ou en train, et se rend dans d'innombrables gendarmeries et hôpitaux pour se plaindre d'agressions imaginaires. Il est interné plusieurs fois dans des institutions psychiatriques à sa propre demande et diagnostiqué psychopathe. Les victimes de Heaulme sont de sexe féminin ou masculin, enfants, jeunes gens ou adultes. Il les rencontre au gré du hasard et les tue impulsivement, en compagnie d'un comparse ou plus fréquemment seul. Heaulme tue à coups de poings, de pierres, au couteau ou en étranglant. Il est arrêté le 7 janvier 1992 à Bischwiller en Alsace et sera condamné à huit reprises pour neuf meurtres jusqu'en 2014. Francis Heaulme est incarcéré à la maison centrale d'Ensisheim dans le Haut-Rhin où il purge une peine de réclusion à perpétuité. Reste donc Jean-Claude Asturi qui non seulement porte les stigmates d'un trauma pouvant expliquer le mode opératoire du Routard, la gorge tranchée. Mais qui en plus possède une paire de bottes Eagle Star, dont le logo est très certainement une étoile. Comme celle, imprimée dans le sol sur la scène de crime.

LE ROI DE LA JUNGLE

L'expression de la foi de Kevin Bacon, très forte et qui l'empêche de la remettre en question ou de blasphémer, exclut de facto ce suspect. En effet, il lui est donc impossible de ritualiser des meurtres en reconstituant des scènes sacrées et en utilisant des extraits de la Bible pour les souligner. Quant à Mohamed Akiram, il a toujours envie d'améliorer l'existant. Dans ces conditions comment pourrait-il avoir reproduit autant de meurtres identiques, sans jamais chercher à les « optimiser » ? En revanche, Lilian Turner offre un profil de mâle dominant habité par une farouche volonté d'asseoir sa puissance. On sent dans son analyse graphologique qu'il présente toutes les caractérisques de ce prédateur évoqué par Brook. Il y a donc fort à parier qu'il soit le serial killer recherché.

LE TUEUR DE FEMMES

Theodore « Ted » Bundy, surnommé « le Tueur de Femmes », est sans aucun doute le plus célèbre des tueurs en série américains. Beau, intelligent, ambitieux, il a mené des études d'avocat avant de travailler pour le ministère de la Justice et la radio. Né le 24 novembre 1946 à Burlington, dans le Vermont, aux États-Unis, il a violé et assassiné officiellement 32 femmes dans tout le pays. Ses victimes sont toutes jeunes et jolies, pour la plupart étudiantes. Officieusement, Bundy est soupçonné d'avoir tué une centaine de femmes au total. Arrêté, il s'évada deux fois de prison. Le 10 janvier 1978, Ted Bundy est inscrit sur la liste des dix criminels les plus recherchés par le FBI. Le 15 janvier 1978, il est définitivement arrêté. Au tribunal, il assure sa défense lui-même. Il est reconnu coupable de plusieurs meurtres et viols, grâce notamment au témoignage de Carol Da Ronch, une des rares rescapées de ses attaques. Mais surtout grâce aux empreintes de dents laissées sur le corps de l'une de ses dernières victimes. Il est exécuté sur la chaise électrique le 24 janvier 1989 au pénitencier de Starke en Floride, après avoir vainement tenté de marchander avec la justice. L'affaire Ted Bundy a profondément choqué l'Amérique, qui jusque-là considérait les tueurs en série comme des malades mentaux vivant exclus du monde. Mais Ted Bundy était exactement le contraire, un homme qui avait tout pour réussir et dont personne ne pouvait imaginer la monstruosité et la dangerosité.

AFFAIRE CLASSÉE

UN PARFAIT NŒUD DE CRAVATE

Pedro Sullivan présente indéniablement un profil intrigant, qui pourrait laisser penser qu'il est le Tueur à la Cravate. Il travaille dans un pressing où il a pu dérober les cravates qui ont servi à étrangler les victimes. Il étudie l'architecture depuis que les crimes ont commencé, laissant imaginer qu'il est obsédé par les formes géométriques et la planification. Cependant, un élément le discuple : une certaine Carla Brunetti l'accuse de l'avoir agressée durant la nuit du 13 octobre de cette année près d'un centre commercial situé en centre-ville. Soit le même soir qu'un des meurtres et à une grande distance de la banlieue de Washington. Quant à Patrick O'Hara, non seulement il n'a jamais été condamné pour viol et donc n'est jamais passé à l'acte. Mais en plus son permis de conduire lui a étré retiré début septembre, quelques jours avant qu'un des crimes ne soit commis. Un handicap certain pour commettre un meurtre en banlieue. Reste donc Frederik Mitchell qui est employé dans une société approvisionnant les restaurants en viande, ce qui expliquerait que les corps aient été retrouvés près de plusieurs fast-food. Il aurait profité de ses livraisons pour repérer ses victimes ! Mitchell est également un passionné d'ésotérisme, d'où peut-être le choix des motifs géométriques associés à la franc-maçonnerie. En franc-maçonnerie, la symbolique est omniprésente, et la géométrie y est synonyme d'équilibre et de connaissance. Voilà des éléments qui font de Frederik Mitchell un suspect idéal !

L'ÉTRANGLEUR À LA CRAVATE

Né le 23 novembre 1945, Dennis Nilsen, tueur en série nécrophile britannique qu'on surnomma l'Étrangleur à la Cravate, commence ses crimes à la fin des années 1970. De 1978 à 1983, il tuera au moins douze personnes, tous de jeunes gays sans abri. Il repère ses victimes dans des pubs et les enivre avant de les emmener chez lui. Là, il les étrangle. Il conserve les corps dans son lit, symbole pour lui d'un amant qui lui resterait fidèle. Cela signifiait qu'il contrôlait tout. Ensuite, soit il stockait les cadavres sous son plancher, soit il les découpait en morceaux. Il avait été boucher et n'avait donc aucun problème pour les disséquer et faire bouillir leur crâne. Pour Nilsen, le processus entier pouvait se comparer à un acte d'amour, le dernier que ces hommes connaîtraient. C'est grâce à une canalisation bouchée que des voisins alerteront la police. Ils suspecteront en effet que les os obstruant la canalisation ne sont pas des os de poulets comme Nilsen le prétendra. Ils préviennent les forces de l'ordre et Nilsen est arrêté le 9 février 1983 par la police anglaise. Les enquêteurs découvriront les restes de trois victimes dans la maison. Le jour même, Nilsen avoue seize meurtres. Un grand nombre de ses victimes ne sont pas identifiées et pour la plupart n'avaient pas été portées disparues car sans-abri.

UNE FAIM D'OGRE

Katlyn n'a pas eu besoin de beaucoup réfléchir pour découvrir qui pouvait être le meilleur suspect parmi les trois hommes arrêtés par le shérif d'Everglades City. Les victimes de l'Ogre ont toutes été retrouvées dans des parcs nationaux floridiens. Et Franck Munch est un Ranger comme l'indique sa carte professionnelle. De plus, le shérif a détecté une forte odeur exhalée par cet individu, proche de celle de la coriandre... Katlyn a immédiatement relié ce détail à la coriandre retrouvée sur les lieux du crime, ainsi qu'aux livres de cuisine asiatique retrouvés dans la baraque, sur les lieux du dernier crime. La coriandre est l'un des ingrédients principaux de cette gastronomie. Franck Munch est donc un suspect de choix ! Si l'on ajoute que ce prénom s'écrit avec un « c » en France et sans aux USA, ont tient certainement notre coupable. Un possible « gastronome » frenchy !

L'OGRE DE WYSTERIA

Surnommé le Vampire de Brooklyn ou l'Ogre de Wysteria, Albert Fish est un tueur en série américain né en 1870 et mort sur la chaise électrique en 1936. Lors de son procès, Fish est jugé pour seize meurtres, mais il en revendique une centaine. Son avocat prétend que le véritable nombre pourrait s'avérer jusqu'à quatre fois plus élevé ! Le crime qui le conduit sur la chaise électrique est le meurtre d'une fillette de dix ans nommée Grace Budd, en 1928. À l'époque, il en a 58. Fish prétexte une fête chez sa sœur pour convaincre les parents de la petite Grace de la lui confier. En fait, il l'entraîne dans une maison abandonnée pour la tuer et la manger... L'extrait ci-joint de la lettre adressée par Fish à la mère de la petite victime permet de mesurer toute la monstruosité du personnage ! « Le dimanche 3 juin 1928, je vous ai appelé au 406 Ouest de la 15ᵉ rue. Je vous ai apporté un pot de fraises à la crème. Nous avons déjeuné ensemble. Grace s'assit sur mes genoux et m'embrassa. Je fixai mon choix sur elle. Au prétexte de l'emmener à une fête, vous avez dit qu'elle pouvait y aller. Je l'emmenai dans une maison à Westchester que je venais de louer. Je lui demandai de rester à l'extérieur. Elle cueillit des fleurs. Je suis monté à l'étage et ai enlevé mes vêtements. Si je ne le faisais pas, je savais que le sang allait les tacher. Quand tout fut prêt, je l'appelai par la fenêtre. Puis je me suis caché dans le placard jusqu'à ce qu'elle entre dans la chambre. Lorsqu'elle me vit nu, elle se mit à pleurer et essaya de fuir par l'escalier. Je l'ai attrapée, elle dit qu'elle se plaindrait à sa maman. D'abord, je l'ai déshabillée. Comme elle donnait des coups de pied, mordait et griffait, je l'ai étranglée, puis découpée en petits morceaux afin que je puisse emmener la viande dans mes chambres. Je l'ai cuisinée et mangée. Ses petites fesses étaient tendres après avoir été rôties. Ça m'a pris neuf jours pour la manger en entier. Je ne l'ai pas baisée, même si je l'ai regretté. Elle est morte vierge. »

AFFAIRE CLASSÉE

LE SUIVANT SUR LA LISTE

Paul Guirantes a certainement les compétences pour brouiller des communications téléphoniques et rendre intraçables des appels à la police. Cependant, sa date d'embauche, postérieure à celle du début des crimes, joue en sa faveur. Ainsi d'ailleurs que son manque évident de connaisances maritimes, connaissances essentielles pour prévoir le lieu précis d'échouage d'un cadavre. Raul Antares est embauché depuis plus longtemps et son poste à la surveillance radar lui donne accès aux informations permettant de connaître les grands flux du fleuve. Cependant, sa mère est malade d'un cancer, un fait facile à vérifier et qui nécessite de sa part une attention soutenue cadrant mal avec l'activité d'un tueur en série.
Reste Saul Pelantos, embauché au début des crimes, le 1er janvier 2015 et dont le métier de pilote fait de lui un parfait connaisseur des courants marins. De plus, il semble en conflit récurrent avec le personnel le plus âgé de la capitainerie et la dernière victime paraît âgée d'une soixantaine d'années. Saul Pelantos dirige également l'association de pêcheurs baptisé Ouroboros. L'ouroboros est un serpent qui se mord la queue formant un anneau circulaire, tels ceux retrouvés avec les filets de pêcheurs à proximité des victimes !

VOIR LE BRÉSIL ET MOURIR

Thiago Henrique Gomez da Rocha est tueur en série brésilien qui a été arrêté après soixante-dix jours d'enquête. Incarcéré en octobre 2014, cet agent de sécurité âgé de 26 ans a reconnu les meurtres de trente-neuf personnes, commis depuis 2011. Parmi ses victimes, 16 femmes, des homosexuels, ou encore des sans domicile fixe. Lors de ses aveux, il a expliqué aux enquêteurs qu'il ne connaissait pas ses victimes et n'était animé que par une pulsion de rage.
Une colère qu'il ne pouvait apaiser qu'en commettant plus de meurtres, malgré les remords qu'il éprouvait après. C'est à l'aide d'une arme à feu que Thiago Henrique Gomez da Rocha a tué ses victimes. En garde à vue, le jeune homme a confié qu'il était encore animé par des pulsions meurtrières. Le détenu a donc été placé à l'isolement, dans une cellule du commissariat de Goiania, la capitale de l'état de Goiais, dans le centre du Brésil. Où il se comporte de façon étrange, réclamant par exemple des dizaines de revues qu'il lit à voix haute et à toute vitesse, demandant de l'alcool, ou exigeant en permanence du fil dentaire. Le 16 octobre 2014, il tentera de se suicider avec ce dernier.

ALLO, DOCTEUR ?

Tous les indices concordent pour accuser Samuel Blumenfeld. Il est juif. Lui et sa femme ont été agressés par des antisémites. Il possède une champignongnière alors que les champignons figurent sur toutes les listes de course retrouvées sur les victimes et que l'on peut imaginer sans mal qu'elles se sont fournies chez lui. Quant à la terre retrouvée sur les semelles d'une des victimes, elle pourrait être celle de la carrière où il cultive ses champignons. Pourtant, l'analyse du calibre de son arme révélera qu'il ne correspond pas aux blessures identifiées sur les victimes, ainsi que le docteur l'a pressenti. Paul Martenaud est bien plus convaincant dans le rôle du tueur découpeur. En effet, il est charpentier et a donc accès à du matériel permettant de découper proprement ses victimes. Il travaille à Rungis, certainement près des Halles où il repère ses victimes qui viennent faire leurs courses. De plus, la reconnaissance de don soi-disant écrite par la victime est certainement fausse. En effet, la victime aurait-elle mal orthographié son nom de famille ? Ou bien le faible niveau scolaire de Paul Martenaud ne lui a-t-il pas permis de faire plus qu'imiter l'écriture de sa victime pour se disculper ? Une enquête plus approfondie révèlera chez Paul Martenaud un traumatisme lié à la guerre et à ses atrocités. Martyrisé par un patron d'origine allemande et par sa femme, il a commencé par les faire disparaître, lui et son épouse, puis a développé cette pulsion de meurtre en s'attaquant à des couples mixtes.

L'AFFAIRE PETIOT

Le docteur Marcel André Henri Félix Petiot est né le 17 janvier 1897.
Le 11 mars 1944, de la fumée évacuée par sa cheminée alerte la police qui découvre dans sa cave des corps prêts à être incinérés, 72 valises et 655 kilos de souvenirs, dont le pyjama du petit René Kneller, disparu avec ses parents.
Accusé de vingt-sept assassinats, Petiot en revendiquera soixante-trois.
Le médecin précisera cependant que ses « proies » n'étaient que des collaborateurs et des Allemands.

Son procès, qui débute le 18 mars 1946, sera aussi médiatisé que celui de Landru. Le public découvrira alors toute l'horreur dont ce monstre s'est révélé coupable. Le jour, Marcel Petiot soignait bénévolement les indigents dans sa clinique de la rue Lesueur à Paris. La nuit, il gazait, dépeçait et brûlait des victimes de la Gestapo. Petiot, sous le pseudonyme de M. Eugène, leur avait promis de les aider à gagner la zone libre ou l'Argentine.
Il sera condamné à l'échafaud et exécuté le 25 mars 1946.

Crédit images : Shutterstock & Fotolia

Édité par Hachette Livre
(43 quai de Grenelle, 75905 Paris Cedex 15)
Imprimé en Espagne par Estella Graficas
pour le compte des éditions Marabout

Dépôt légal : février 2015
ISBN : 978-2-501-10226-1
71.6677.4
Édition 01